Comment Transformer Vos Compétences En Argent

Par Earl Prevette

TABLE DES MATIÈRES

Cela Aurait Pu Être Toi

Un jour, il n'y a pas si longtemps, alors que je me tenais au coin d'une rue animée de Philadelphie et que je parlais à un ami, un vieil homme est arrivé. C'était un vieil homme décrépit aux yeux gonflés et larmoyants, et son visage mal rasé était tiré et flétri. Ses lèvres étaient bleuies par des plaies impures. Ses orteils poussaient à travers ses chaussures usées. Ses vêtements étaient en lambeaux. Il avait connu des jours meilleurs. J'ai pensé, comme la pauvreté vous a terriblement rongé. Je suis resté stupéfait pendant un moment. Le regard triste, la main sale et gonflée, il m'a demandé quelques centimes. Il a obtenu quelques centimes de plus ; j'ai eu un peu plus de bon sens.

Alors que je réfléchissais aux circonstances qui avaient provoqué l'état déplorable de cet homme, et l'avaient laissé comme une épave dans ses ruines, je me suis mis à penser : Cela aurait pu être vous !

Qu'est-il arrivé à ce vieil homme ? Qu'est-ce qui a précipité son état déplorable ? Qu'est-ce qui a provoqué une telle pauvreté ? Pourquoi la fortune s'est-elle transformée en malheur ? Sa situation peut être due à un excès d'indulgence, au chagrin, à l'envie, à la jalousie, à la haine, aux préjugés, à la crainte, à la pitié de soi, à la tentation ou au découragement. Quoi qu'il en soit, cela a changé sa vision, son attitude, sa façon de penser et son mode de vie tout entier.

Le désespoir, l'abattement, le découragement, la déception, le chagrin et la tristesse étaient imprimés de façon indélébile dans les traits de son visage. Il était à l'image de ses pensées, victime des circonstances et esclave de la pauvreté.

En analysant la situation de ce vieil homme, j'en suis venu à la conclusion que son état était le résultat de ce petit ennemi désespéré qu'est la pensée négative.

La pensée négative est un petit ennemi sournois qui se fraie silencieusement un chemin dans la conscience d'un homme et, comme un voleur de nuit, ne lui vole pas sa bourse, mais le prive de ce pouvoir qui le rend vraiment pauvre. C'est une influence sinistre et destructrice qui travaille nuit et jour pour s'attaquer à l'âme de l'homme. C'est le pire ennemi de l'homme, et le plus méchant ennemi de la vie. C'est pire que la guerre, et c'est en grande partie la cause de la guerre. C'est la malédiction de la race humaine. Il est aussi aveugle à la raison qu'un hibou à la lumière. Elle transforme les amis en ennemis et les ennemis en adversaires. Elle prive l'homme de sa raison. Elle attise la haine, la cupidité, l'égoïsme, le cynisme, le pessimisme, la colère, la suspicion, la rivalité, la jalousie, la vengeance, la luxure et l'envie. Elle détruit la confiance, sape la santé, altère le caractère et provoque la pauvreté.

Une vieille légende raconte que le diable fut mis en faillite. Parmi tous ses outils, les créanciers lui permirent d'en garder un. L'outil qu'il choisit fut le coin de la pensée négative. Lorsqu'on lui demanda pourquoi il préférait cet outil à tous les autres, le diable expliqua : "C'est parce que c'est l'outil que je peux utiliser lorsque tous les autres échouent. Laissez-moi faire entrer ce petit coin dans la conscience d'un homme, et il ouvre tout le reste.

« Cette cale m'a ouvert plus de portes que toutes les autres armes réunies. »

Quelqu'un a demandé à l'un des plus grands explorateurs du monde quelle exploration il appréciait le plus. Il a répondu : « Je préfère m'asseoir dans un fauteuil à bascule à l'ancienne et explorer les régions non découvertes de mon propre esprit. »

En explorant les régions inexplorées de son esprit, l'homme découvre qu'il a un intérêt. Son intérêt crée un désir. Il y a deux types de désir. L'un est physique. L'autre est mental. La subsistance et la propagation satisfont le désir physique. Les pensées et les idées satisfont le désir mental.

Il existe deux types de pensées. Les pensées positives qui sont créatives. Les pensées négatives qui sont destructrices. Je compare souvent les pensées positives à la lumière, et les pensées négatives à l'obscurité.

L'obscurité n'est rien. C'est l'absence de lumière. Allumez la lumière, et il n'y a plus d'obscurité.

Les pensées négatives de crainte, d'inquiétude, de colère, de préjugés, de jalousie, d'envie, de rancune, d'entêtement, d'impudence, d'égoïsme, de cynisme, de morosité, de haine, de désespoir et de découragement disparaissent instantanément lorsqu'elles rencontrent les pensées positives d'amour, de foi, de considération, de respect, de bonté, de courage, de compréhension, de persistance, de ferveur, de loyauté, de joie, de puissance, d'abondance, d'endurance et de force.

Pensez à des pensées positives, et la capacité d'accomplir n'importe quel désir.

Les pensées positives sont basées sur la compréhension et la foi. Les pensées négatives sont basées sur l'ignorance et le doute. Il n'y a aucun problème ou condition qui ne disparaisse à la lumière des pensées positives. Affrontez la moitié de vos problèmes ou de vos ennuis avec des pensées positives, et ils disparaîtront, puis affrontez l'autre moitié, et ils disparaîtront. La pensée positive et créative fera des trous dans les problèmes, comme une cigarette allumée fera des trous dans du papier de soie.

Dans l'étude de la physique, nous trouvons la loi d'Ohm sur l'électricité. Elle enseigne : $C = E/R$. C'est le courant ou la quantité d'énergie électrique à fournir pour un usage donné. E est la centrale électrique qui fournit le courant. R est la résistance que le courant rencontre sur son chemin pour faire son travail. Moins la résistance offerte au courant est importante, plus la quantité d'énergie électrique disponible pour effectuer le travail est élevée. Cela dépend de l'efficacité du conducteur.

Il en va de même pour vous. Vous êtes un conducteur pour vos pensées. La capacité est la centrale électrique. Les pensées positives sont le courant. Les pensées négatives sont la résistance. Débarrassez-vous de toutes les pensées négatives. Débarrassez-vous de la résistance. Débarrassez-vous de toutes les inhibitions, de toutes les rancunes et de toutes les peurs. La capacité démontre sa pleine puissance et sa force lorsqu'elle n'est pas entravée, ni encombrée par la résistance. Vos revenus, votre santé, votre bien-être, votre bonheur et votre tranquillité d'esprit ne sont retardés que si vous permettez aux fantômes de la pensée négative d'opposer une résistance à votre capacité.

Un médecin de Boston a examiné vingt-cinq personnes souffrant de troubles inflammatoires. Un examen approfondi a révélé que chacune d'entre elles était rancunière. Les pensées négatives altèrent le corps et perturbent également les capacités.

Détachez-vous et libérez-vous de toutes les restrictions mesquines, de toutes les notions pygmées et de toute résistance corrodée. Elles vous retardent et vous retiennent. Ouvrez le canal au bien. Chassez tous vos problèmes. A quoi servent-ils ? Tournez le pouvoir et la domination des pensées positives sur les soucis et les peurs, et ils disparaissent. Cherchez le bien et n'attendez que le bien. Réjouissez-vous et soyez heureux. Cela vous libère et vous affranchit.

Vous cessez de redouter, vous cessez de vous inquiéter. Vous vous sentez comme une nouvelle personne. Vous avez l'impression de tout recommencer.

Ce qui semblait être un fardeau et une tâche se transforme en une aventure agréable et intéressante.

Les conditions sont faites par la pensée ; changez vos pensées et vous changez vos conditions. Par conséquent, si vos conditions semblent insupportables, sombres et moroses, changez vos pensées à leur sujet et voyez à quelle vitesse vos pensées vous changent.

J. Allen Stone dans son livre, *Letters to Strongheart*, révèle les qualités et les attributs d'un chien berger allemand qui est devenu une star de cinéma. Pour résumer le caractère de ce merveilleux chien, il mettait tout ce qu'il avait dans tout ce qu'il faisait. Tous ses actes étaient positifs et décidés. Il n'épargnait rien. Il a tout donné. Cela nous donne une grande leçon. Quoi que vous fassiez, mettez-y tout ce que vous avez. Perdez-vous dans ce que vous cherchez à accomplir. Donnez tout et il n'y a pas de place pour les pensées négatives.

Par conséquent, le remède aux pensées négatives est la pensée positive. L'application de pensées positives inonde la conscience de foi, de confiance, de domination et de détermination et vous donne le pouvoir d'agir avec décision, précision, compétence et rapidité. Pensez positivement, soyez positif et agissez positivement, et les pensées négatives disparaîtront. Un seul souffle puissant de la Vérité dispersera comme un tourbillon les pensées négatives et toute leur cohorte de moqueries et de misères humaines et établira le règne des pensées positives qui assurent le succès dans toute entreprise.

Les pensées positives terrasseront votre pire ennemi : la pensée négative. La préparation est maintenant prête pour votre meilleur ami - la capacité. La capacité, ce sont des pensées positives qui travaillent pour vous apporter ce que vous désirez.

Il y a une marée dans les affaires des hommes qui, lorsqu'elle est prise à contre-courant, mène à la fortune. Cette marée est l'accumulation de pensées positives qui doivent finalement éclater en un flot de bonne fortune.

Emerson dit : « Nous sommes dans le giron d'une immense intelligence qui fait de nous des récepteurs de sa vérité et des organes de son activité. » Tout autour de nous et autour de nous, cette force vitale et cette puissance créatrice sont instantanément disponibles pour que nous puissions y puiser et les appliquer à nos activités pour répondre à tous nos besoins humains. C'est le don de Dieu à l'homme. Elle n'est pas la propriété d'un seul homme ou d'un groupe d'hommes. Elle est la propriété de tous les hommes. Cependant, pour avoir une valeur pratique, chaque individu doit la rechercher, la reconnaître, la réaliser et la démontrer par lui-même dans ses propres affaires. Elle est positive et active et peut développer toutes les facultés et tous les talents de l'individu en une capacité capable de se réaliser.

« Cogito, ergo sum. Je pense, donc je suis. » Le pouvoir de penser donne à l'homme la capacité d'analyser sa propre pensée. La pensée n'est pas une abstraction indéfinie, mais une force vitale, vivante, la force la plus vitale, la plus subtile et la plus irrésistible du monde. La pensée a une forme, une qualité et une substance. La pensée peut naître, se développer et créer des choses.

Pour développer la capacité de penser et de créer des choses pour satisfaire le désir de l'homme, il est sage d'adopter la bonne attitude. L'homme est plus grand que la chair et les os qui le portent. Son corps lui appartient, mais il n'appartient pas à son corps. Le pouvoir de penser ne le confine pas à sa propre peau. Il peut projeter sa pensée. Il peut visualiser et créer des choses pour satisfaire ses désirs mentaux. Pour le faire de manière scientifique et efficace, il est essentiel d'organiser ses pensées dans un plan. Ce livre en est un exemple.

Qu'est-ce qu'un plan ? Un plan est une méthode d'action, une procédure ou un arrangement. C'est un programme à réaliser. C'est une conception pour donner effet à une idée, une pensée, un projet ou le développement de quelque chose.

Un plan peut demander : Que désirez-vous ? Désirez-vous vendre quelque chose ? Désirez-vous un emploi ? Désirez-vous une augmentation de salaire ? Désirez-vous des clients ? Désirez-vous des clients ? Désirez-vous inventer quelque chose ? Ces questions se rapportent à votre profession actuelle ou future. La seule façon de faire connaître votre désir est d'établir un plan. Il transmet aux gens, en langage clair, un concept précis de ce que vous proposez à leur considération.

Mon livre, *Comment Vendre Par Téléphone*, raconte comment j'ai vendu pour 10 000 000 $ d'assurance-vie à des inconnus par téléphone. Pour atteindre ce record inégalé, il m'a fallu créer un plan pour satisfaire mon désir. Ce plan exposait, dans un langage clair et compréhensible, la valeur et les avantages de l'assurance-vie, et ce qu'ils signifiaient pour le prospect. Après avoir créé le plan, il a fallu élaborer un processus pour le mettre en œuvre. Cela exigeait de la foi pour croire de tout cœur au plan, de la répétition pour le perfectionner, de l'imagination pour le visualiser et de la persévérance pour le mener à bien.

Enfin, il fallait agir pour idéaliser le plan, en ressentir la possession et le revendiquer comme une réalité. J'ai mis toute la puissance dont je disposais dans le plan et le désir a été satisfait.

L'autodiscipline, la connaissance de soi, l'amélioration de soi, l'expression de soi et l'épanouissement de soi sont des entreprises individuelles. Le mot « individuel » vient de deux mots latins : « in, » qui signifie « pas, » et « divisus, » qui signifie « divisible. » Un individu n'est pas divisible. C'est une entité complète, une unité autonome, composée de quatre parties. Une partie est la matière - le corps physique qui l'abrite. Une partie est l'essence pour lui donner une forme et l'identifier selon son espèce. Une partie est l'esprit pour le guider et le diriger. Une partie est l'esprit pour l'inspirer et l'enthousiasmer. Chaque partie doit faire l'objet d'une attention stricte et d'une considération minutieuse. Le corps physique doit recevoir une nourriture appropriée.

L'essence doit être traitée avec soin. L'esprit doit être nourri de pensées positives. L'esprit doit être inspiré par une foi inébranlable. Lorsque ces quatre parties sont bien nourries et bien traitées, l'harmonie règne et l'individu fonctionne sainement, génère du bonheur et produit de la richesse.

Comment Transformer Vos Compétences En Argent met en pratique la loi de la richesse. Lorsqu'elle est appliquée, elle ne manque jamais de produire une abondance de biens matériels.

En appliquant les idées et les suggestions de ce livre, vous améliorerez votre capacité à réaliser trois choses.

IDÉES ET SUGGESTIONS

<u>Premièrement</u> : Réalisez que tout ce à quoi vous pouvez penser existe maintenant, sinon vous ne pourriez pas y penser. Il ne manque de rien et il ne devrait y avoir ni envie ni jalousie entre les hommes. Il y a assez de tout pour tous ceux qui vivent.

<u>Deuxièmement</u> : Réalisez que toutes les choses appartiennent à la création de Dieu et que vous ne pouvez en avoir qu'un usage temporaire. Il n'y a aucune limite à vos désirs, et vous pouvez avoir l'usage de tout ce que la capacité peut créer.

<u>Troisièmement</u> : Réaliser que toutes les choses sont distribuées à ceux qui ont des désirs, mais il faut appliquer la capacité à formuler des plans pour revendiquer ces désirs.

Voici quelques suggestions qui vous aideront à faire valoir vos droits.

CHOSES À FAIRE

1. Méditez et demandez à Dieu s'il y a une raison pour laquelle vous ne devriez pas avoir la chose que vous désirez. Oubliez votre désir pendant quelques jours et, s'il est juste pour vous de l'avoir, le désir deviendra plus intense. Cela élimine le doute et l'incertitude, et inspire la détermination et l'action.

2. Faites une image mentale forte de ce que vous désirez, et affirmez-la plusieurs fois par jour.

3. Soyez précis sur ce que vous désirez. Si vous désirez de l'argent, visualisez le montant et sentez-le dans votre poche. Si vous désirez des clients, visualisez-en le nombre et voyez-les faire des affaires avec vous. Si vous désirez des choses, visualisez le type de chose que vous voulez et imaginez-vous avec. Si vous désirez une position, visualisez-en le type et elle fera bientôt son apparition dans votre expérience.

4. Détendez-vous, méditez et soyez positif lorsque vous visualisez votre désir.

5. Sachez que les idées sont infinies et que les moyens de les manifester sont aussi innombrables que les étoiles du ciel. Faites votre choix.

6. Engagez un sentiment de bonté dans votre désir. Il envoie des vibrations d'amour qui sont la source de l'attraction.

7. « Remerciez Dieu pour l'abondance qui est la vôtre » maintenant. Répétez quotidiennement.

8. N'oubliez pas qu'une idée fondée sur le bien, soutenue par un désir sincère et à laquelle on adhère par la foi, ne manque jamais de se concrétiser.

La loi de la richesse, ce sont des idées sur le tas.

Décidez maintenant d'être le maître de vos affaires, le directeur de vos capacités, le conducteur de pensées positives, l'artisan du bien et le capitaine de vos activités. Tenez-vous-en à ces principes avec une détermination sans faille, un courage inébranlable et une foi inébranlable. N'oubliez pas que tous les éléments de l'univers sont là, à votre disposition, pour vous aider à satisfaire et à réaliser votre désir. Faites appel à ces forces. Créez un plan, cherchez mentalement la chose que vous désirez et, dans un esprit de gratitude, faites-en une réalité. « Croyez que vous recevez, et vous les aurez. »

Le fleuve Mississippi atteint sa pleine puissance et sa force lorsqu'il se jette dans le golfe du Mexique. Il est constitué de nombreux affluents individuels, et chacun d'entre eux apporte sa contribution pour converger en un grand courant de puissance et de force.

Vous êtes comme cette grande rivière. Vous êtes composé de nombreux attributs et qualités tributaires, et chacun d'entre eux apporte sa part individuelle pour constituer votre capacité. La pleine puissance et la force de votre capacité consistent à faire converger ces affluents individuels. Chaque chapitre de ce livre vise à développer vos qualités et attributs individuels et à les faire converger en un grand courant de puissance et de force. Lisez, étudiez et appliquez le contenu de chaque chapitre. Ils mettront cette puissance et cette force en action et vous aideront à transformer votre capacité en argent.

Êtes-Vous Submergé Jusqu'au Cou ?

L'homme n'est pas la plus grande créature physique du monde, mais il domine la terre et tout ce qu'elle contient. Dieu a donné cette domination à l'homme par le biais de l'esprit et de la capacité consciente de former des idées. La capacité de former des idées a donné à l'homme la capacité de raisonner. L'activité de la raison a donné à l'homme le pouvoir de contrôler. Par le contrôle, l'homme est devenu le Maître. Puisqu'il est le Maître et qu'il a ce contrôle, il devrait exercer son intelligence pour établir sa domination sur lui-même, et ne pas agir comme un accident dans le monde.

Sur les ailes de son imagination, l'homme est capable de voler et de faire des recherches sur les choses matérielles et immatérielles. Il vole parmi les planètes du système solaire, les étoiles des différents systèmes stellaires, et fait même une recherche spéculative sur l'Univers et sa relation avec lui.

Son intellect est capable de faire le point sur lui-même et sur ses propres réalisations, mais aussi de contempler la cause et la source de sa propre création. L'homme, grâce à son imagination et aux connaissances qu'il a acquises, découvre et explore les lois physiques, les exploite et les met au service de son confort et de sa commodité. Avec son immense capacité à connaître et à comprendre, l'homme ne parvient pas à braquer les projecteurs sur lui-même. Il se familiarise avec tout sauf avec lui-même. Il laisse cela aux « -ismes, » « -iques, » « -tés, » « -eux, » et permet à l'ignorance et à la superstition de les contrôler. Lorsque l'homme appliquera à lui-même les mêmes connaissances et la même science qu'aux choses physiques, la misère et la pauvreté humaines appartiendront au passé.

Dans le monde dit occupé, la tendance est de perdre de vue l'homme individuel. La plupart d'entre nous ont l'esprit de la chose et perdent de vue l'homme dans la chose. Tout ce que l'homme crée a son origine dans l'esprit. C'est une idée invisible avant d'être une chose tangible. C'est une pensée, puis un produit. La capacité de l'esprit en action à créer, inventer et construire toutes choses.

Parler de la perte de vue de l'homme individuel me rappelle la fois où le professeur d'astronomie de l'université de Virginie me faisait visiter l'observatoire astronomique. Dans cet observatoire se trouvaient des tableaux, des cartes, des globes, des atlas, des images et des diagrammes, représentant un panorama complet et détaillé de notre système solaire et d'autres systèmes stellaires. En décrivant la magnitude infinie de ces grands systèmes, le professeur s'est tourné vers moi et a dit : « Et de penser à tous ces mondes sur des mondes sans fin, et à leur magnitude infinie, puis de les comparer à la petite chose que nous appelons 'homme.' »

J'ai dit : « Oui, Professeur, c'est vrai, mais n'oubliez pas ou ne perdez pas de vue que l'astronome est toujours un 'petit homme.' » Il m'a regardé avec stupéfaction, s'est précipité vers moi, m'a pris par la main et m'a dit : « Monsieur Prevette, c'est la plus grande appréciation, la plus grande estimation, la plus grande contribution à l'homme qu'il m'ait été donné d'entendre, et je vous en remercie. »

L'homme est le cohéritier d'une Conscience commune à tous les hommes. Elle fournit les moyens et la méthode par lesquels les idées sont communiquées, sinon il nous serait impossible de nous comprendre. Cette Conscience est infinie, les idées sont inépuisables, et la capacité d'exploiter les deux n'est limitée que par sa propre estimation.

Qu'est-ce que la capacité ? L'aptitude est la capacité d'agir, la qualité ou l'état d'être capable. C'est le pouvoir d'agir, qu'il soit physique, moral, intellectuel ou juridique.

La capacité de l'homme moyen peut être comparée à un iceberg : environ neuf dixièmes de celle-ci est sous l'eau. Le professeur William James, éminent et célèbre psychologue, a estimé que l'homme moyen n'utilise que dix pour cent de ses capacités réelles, les quatre-vingt-dix autres pour cent étant latents. La capacité latente est une puissance potentielle, qui peut être libérée par un encouragement et un traitement appropriés. La puissance et le pouvoir de

l'aptitude se nourrissent de sa propre réalisation, et lorsqu'elle est inspirée, elle imprègne toute la conscience d'une réactivité synchronisée et tout art, métier ou entreprise est exécuté efficacement et apprécié librement. Un service supérieur est rendu et un revenu plus important est gagné.

Les capacités ne peuvent pas être développées d'un seul coup. C'est comme la construction d'une maison. Une brique doit être posée à la fois. La plupart des gens veulent commencer par la maison plutôt que par les briques. Les choses ne sont pas construites en un tout, mais en parties, et chaque partie doit être construite. Le même principe s'applique à la capacité. Vous devez construire un peu chaque jour. Supposons que vous développiez chaque jour trois phrases sur l'amélioration de vous-même, une profession, un métier ou une entreprise. Au bout d'un an, vous aurez un total de 1 100 phrases, et au bout de quatre ans, suffisamment de matière pour écrire un livre. Ceci peut être accompli en quinze minutes par jour. Un peu construit chaque jour est étonnant dans ses résultats.

La capacité de l'homme est polyvalente. Une année, son aptitude exprimée par le travail et l'art transforme la matière en instruments de destruction. L'année suivante, en utilisant le même type de matériau et la même capacité avec un changement de méthode, il transforme le matériau en instruments de confort. L'une ou l'autre de ces performances nécessite une application de la capacité. L'application permet de transformer un matériau en un service utile, ou d'illustrer une idée sous la forme d'un plan. Le fruit précieux de l'application mûrit dans l'esprit lui-même pour établir une expérience, où règnent l'oisiveté, les tendances vagues et incertaines. La capacité s'éclaire et s'élargit par sa propre application.

Un groupe d'explorateurs a été chassé par une tempête du fleuve Amazone, loin dans l'océan Atlantique. Ils n'avaient pas d'eau douce à bord, et pendant des jours ils ont dérivé, souffrant d'une indicible agonie due à la soif. Ils ont failli périr par manque d'eau douce.

À la grande joie de tous les passagers, un navire est enfin apparu. Ils lui font frénétiquement signe de s'approcher et lui demandent de l'eau fraîche. Le capitaine leur a répondu : « Déposez vos seaux. Il y a de l'eau douce tout autour de vous. »

Les explorateurs ne savaient pas que le fleuve Amazone reste frais à plus de cent milles de la mer. Ces hommes dérivaient dans une masse d'eau douce et ont failli périr de soif. Beaucoup de gens sont comme ces explorateurs. Au milieu de l'abondance, d'un monde débordant d'abondance, ils mendient des opportunités. Les opportunités sont aussi abondantes que l'air.

Elles sont tout autour de vous. Déposez vos seaux et puisez dans cet océan inépuisable de capacités latentes.

L'application de ce que vous savez révèle beaucoup de choses que vous ne connaissez pas. « Mais, comme il est écrit, l'œil n'a pas vu, l'oreille n'a pas entendu, et il n'est pas entré dans le cœur de l'homme, les choses que Dieu a préparées pour ceux qui l'aiment. » L'application met en œuvre ce principe de la Bible. L'application de la capacité est comme la vapeur pour une locomotive. Elle met en action tout le mécanisme et le canalise en puissance.

Par conséquent, la première façon de développer les capacités est l'application. La deuxième façon de développer les capacités est de poser un défi.

En analysant les individus qui ont connu un succès phénoménal, nous constatons que ce n'est pas le résultat d'une éducation élaborée, ni d'une formation spécialisée. Au contraire, la plupart de ces personnes n'ont reçu que peu d'éducation formelle et aucune d'entre elles n'a été formée au leadership. Quel est le secret d'une réussite aussi phénoménale ? Ces personnes avaient une qualité en commun : l'audace d'entreprendre quelque chose. Ils ont mis au défi leurs propres capacités. Ils ont osé penser par eux-mêmes. Ils étaient déterminés à faire quelque chose et à compter sur eux-mêmes. Avec la confiance engendrée par l'action, ils ont puisé dans leurs propres capacités pour faire des choses que d'autres pensaient impossibles.

Ils ne savaient pas qu'ils ne pouvaient pas le faire, alors ils ont continué et l'ont fait.

En préparant ce livre, j'ai été mis au défi. Ma femme et mes enfants m'ont mis au défi de l'écrire. J'ai pensé que c'était l'occasion de partager quelques idées avec d'autres. J'ai relevé le défi et, même si mon domaine n'est pas le journalisme, c'est mon deuxième livre et un troisième est en préparation.

Pasteur, qui a donné plus de connaissances pour la préservation de la santé que tout autre homme, n'était pas médecin. Whitney, l'homme qui a inventé l'égreneuse de coton, était instituteur dans le Connecticut, loin des champs de coton. John D. Rockefeller était employé dans une entreprise de production. Andrew Carnegie était un bobinier. Thomas A. Edison était un vendeur de journaux. Henry Ford était un mécanicien électrique. Benjamin Franklin était un apprenti imprimeur. Morse, l'inventeur du télégraphe, était portraitiste. Bell, l'inventeur du téléphone, était un professeur de son. Eastman, le roi de Kodak, était employé de banque.

Les hommes qui tracent de nouveaux sentiers, empruntent de nouvelles routes, mettent au point de nouvelles méthodes, font de nouvelles découvertes et inventent de nouvelles choses sont des hommes qui osent faire des choses impossibles à faire.

Alors que d'autres vacillent, ils vont de l'avant. Cherchez, cherchez, et les choses seront révélées, même les choses les plus intimes de la perfection.

L'homme n'a pas besoin de tirer. Il a besoin de réfléchir. Un défi pour oser, une incitation à entreprendre, et une envie de commencer transforme la plupart des choses en bénédiction. Celui qui ose penser se tient en sécurité dans la majesté de sa propre force.

La troisième façon de développer les capacités est de s'organiser.

La capacité est personnelle et vous seul pouvez la développer. Vous seul pouvez élever tout ou partie des neuf dixièmes cachés. Organisez vos qualités et attributs actuels. Soyez juste, mais strict. Soyez fidèle à vous-même et vous ne pourrez pas être faux envers les autres.

Le modèle suivant est une suggestion d'organisation.

COMMENT ORGANISER

Mettez sur papier une liste de toutes vos réalisations passées, quelle que soit leur importance. Analysez chacune d'elles et essayez de visualiser une amélioration. L'examen des performances passées donne le courage de tenter d'autres projets. Certaines de vos meilleures réalisations ont été spontanées, avec peu ou pas de préparation. Cela peut être un indice de votre véritable pouvoir, et une incitation à développer vos talents naturels.

Dressez une liste de vos attributs et qualités personnels. Cela peut vous aider à répondre aux questions suivantes : Quelle est mon attitude envers moi-même, envers les gens, envers Dieu, envers mon prochain et envers mon travail ? Est-ce que je pense et j'agis de manière positive ? Suis-je tolérant et attentionné envers les autres ? Est-ce que je respecte honnêtement les droits et les opinions des autres ? Est-ce que j'interromps les autres pendant qu'ils parlent ? Est-ce que je raconte mes affaires à tous ceux que je rencontre ? Est-ce que je pratique la règle d'or ? Est-ce que je permets aux caprices et aux fantaisies de la malchance de détourner les vraies questions ? Est-ce que je réalise que les petits problèmes peuvent être de grands problèmes ? Est-ce que je monopolise la conversation avec un grand « je » et un petit « tu » ? Suis-je arrogant et impudent ? Suis-je honnête avec moi-même ? Suis-je persistant et progressiste, sans être offensant ? Suis-je ballotté d'une opinion à l'autre, comme un chardon dans une tempête de vent ? Est-ce que je cultive des habitudes qui me rendent fort physiquement, mentalement et spirituellement ? Ai-je confiance en mes capacités ? Est-ce que j'ose penser par moi-même ? Ai-je peur d'agir ? Est-ce que j'hésite, je vacille, je remets à plus tard et je procrastine ? Est-ce que j'aime coopérer avec les autres ? Est-ce que je me laisse aller aux commérages ? Est-ce que j'aime travailler seul ? Est-ce que je pratique les petits gestes de courtoisie dans mes associations quotidiennes ? Est-ce que je me souviens de dire : « Merci, » « Pardon, » « Pardonnez-moi, » « Je suis désolé, » « Excusez-moi, s'il vous plaît, » et autres ? Suis-je disposé à vivre, à aimer et à partager ? Est-ce que je convoite ce que les autres ont ? Suis-je envieux ? Suis-je jaloux ? Est-ce que je prie et travaille contre l'égoïsme ? L'attention consciente portée à l'amélioration des qualités et attributs personnels améliore les relations sociales et professionnelles de tout individu et, si l'on s'y adonne, ils le distingueront.

Dressez une liste de vos connaissances spécialisées. Dans quel domaine êtes-vous le plus compétent ? Quelle activité vous offre la plus grande stimulation ? Pouvez-vous vous perdre dans ce que vous faites ? Pouvez-vous présenter des idées selon un plan scientifique ? Pouvez- vous dresser un plan intelligent de vos qualifications personnelles ? Êtes-vous polyvalent ?

Savez-vous distinguer le bon grain de l'ivraie ? Avez-vous un nouvel intérêt pour votre travail ?

Exercez-vous votre imagination ?

Mettez-vous au défi vos propres capacités ? Lisez-vous chaque jour quelque chose qui suscite la réflexion ? Cultivez-vous votre sens de l'humour ?

L'intelligence est la capacité et l'aptitude à se mesurer à soi-même, à mesurer son environnement et à les organiser en un plan réalisable afin de pouvoir partager l'abondance de la vie.

La quatrième façon de développer les capacités est la liberté.

La capacité cherche à s'exprimer et fonctionne plus efficacement lorsque l'esprit n'est pas chargé d'un grand nombre d'importations fausses et spécieuses. Toutes sortes de rumeurs, de ouï-dire, de craintes, de superstitions et de spéculations sinistres infestent constamment l'air. Quatre- vingt-dix-neuf pour cent de ces vagabonds mentaux n'ont aucune jambe sur laquelle s'appuyer. Ce ne sont que des fantômes fantastiques pour harceler, soumettre et retarder l'action de la capacité. Voici quelques exemples : « Vous avez entendu celle-là ? » « Ne dites à personne que j'ai dit ça... » « Confidentiellement parlant... » « Lors de ma dernière opération... » « Vous avez entendu parler d'untel ou d'untel ? » « Entre vous et moi... » « Je n'arrive pas à m'y mettre. » « Le problème du monde est... » « Ma situation est différente. . . » « C'est une bonne chose... » Ils voyagent ainsi à l'infini. Dès que l'un de ces vagabonds mentaux croise votre chemin, ne l'arrêtez pas, laissez-le continuer.

Le « jugement du vieux papa » et le « conseil de la vieille maman » sont à chaque coin de rue pour vous dire comment faire, ou pour vous conseiller que c'est impossible. Et puis il y a les cousins Tom, Dick et Harry, avec leur couverture mouillée pour refroidir l'esprit. Eux aussi ont leur marque d'expertise.

Comment quelqu'un peut-il connaître la valeur de vos idées s'il n'a pas participé à leur création ? Acceptez les suggestions, mais laissez le dictat de votre conscience être le juge final. Tout dans l'univers est organisé. L'organisation est le secret du développement et de l'aboutissement des sciences. Elle permet de se débarrasser des bagages superflus et de fonctionner en toute liberté.

La cinquième façon de développer les capacités est la vision.

La plupart des gens ne croient qu'aux choses qu'ils voient. L'apparence est tout. Attribuer un pouvoir à l'apparence est superstitieux. L'apparence n'est qu'une manifestation et n'a aucun pouvoir en soi. Tout pouvoir est invisible. L'esprit est invisible. Le vent est invisible. Le son est invisible. La vie est invisible. L'esprit est invisible. L'électricité est invisible. Mettez deux fils côte à côte, chargez-en un de cent mille volts d'électricité, laissez l'autre inerte, et vous ne pourrez pas les distinguer. La seule chose visible de l'électricité est la manifestation de la lumière. Si vous doutez de l'existence de l'électricité, touchez un fil sous tension.

La vision est quelque chose que l'on voit autrement que par la vue ordinaire. C'est l'image visuelle d'un plan en action. C'est regarder à travers la barrière de l'apparence. Croire aux choses que l'on peut voir, c'est la vue. Croire en des choses que l'on ne peut pas voir, c'est la vision.

Lorsque la vision fait défaut, les hommes périssent. La vision est la caméra de l'imagination, et fournit le film pour enregistrer l'image.

Pendant des milliers d'années, la rivière Niagara a déferlé sur la falaise rocheuse et n'était qu'un spectacle intéressant pour les visiteurs. Un homme sage, doté d'une vision, a reconnu ses grandes potentialités. Pourquoi ne pas convertir cette grande force en puissance ? Aujourd'hui, ces chutes n'ont pas changé, mais la puissance invisible qu'elles recèlent fait tourner les roues de milliers d'industries et fournit de l'énergie électrique pour éclairer et chauffer des milliers de foyers. En puisant dans ses capacités latentes, l'homme visionnaire a exploité la puissance d'innombrables chevaux et l'a convertie en un canal utile au service de ses semblables.

La vision est l'une des facultés les plus importantes. Elle développe la prévoyance et transforme le recul en profit. Chaque homme en a une partie. Utilisez-la.

La sixième façon de développer cette capacité est la coordination.

Les idées ont une parenté et forment d'excellents partenariats pour produire l'harmonie. Lorsque cette parenté est reconnue, elle illumine et revigore la capacité. Lorsque les idées sont en conflit, la distraction trouble et perturbe l'aptitude. Elle est incapable de fonctionner avec toute sa force pour atteindre son but, ou de jouir d'une fruition complète.

Des machines spéciales sont construites pour effectuer des tâches spécifiques. Une machine à tricoter fabrique des bonneteries. Une tondeuse à gazon coupe l'herbe. Ces deux machines sont excellentes et font un travail splendide dans leurs domaines respectifs. Cependant, il serait très difficile d'essayer de tondre une pelouse avec une machine à tricoter ou de tricoter des bas avec une tondeuse à gazon. Le même principe s'applique aux capacités. Mon aptitude a été développée dans le domaine des relations humaines, et quelle que soit la qualité de cette aptitude, elle serait contrecarrée et confuse dans le domaine de l'obstétrique. Le domaine des relations humaines, tout comme celui de l'obstétrique, n'est pas rempli de perfection, et chaque domaine offre à l'aptitude une vie entière d'intérêt et de recherche.

Une foule d'idées cherche à s'associer pour améliorer et perfectionner votre métier. Pour être coopératives, efficaces et bénéfiques, ces idées doivent être régulées et exprimées par la coordination. Par conséquent, tenez-vous en à un seul domaine, et à mesure que votre capacité se développe dans ce domaine, le domaine s'élargit et la capacité s'étend. Laissez les idées harmonieuses coordonner et nourrir votre capacité et votre capacité vous nourrira.

Le septième moyen de développer les capacités est la conviction.

Chaque jour, Parson Jones se rendait dans son église pour prêcher. Quelqu'un lui a demandé pourquoi il prêchait six jours par semaine pour lui-même, et seulement un jour par semaine pour sa congrégation. Sa réponse fut la suivante : « Il faut six jours de prédication pour me convaincre moi-même, et un seul jour pour convaincre ma congrégation. »

L'une des tâches les plus difficiles est de nous convaincre nous-mêmes, mais une fois cela accompli, il est assez facile de convaincre les autres.

La conviction vient de deux mots latins, « con » et « vincere, » qui signifie « vaincre. » Pour vaincre le doute sur votre capacité de performance, que ce soit par l'argument ou la conviction, il est impératif que la proposition soit réfléchie jusqu'à la conclusion. Les conclusions boiteuses sont le résultat d'un raisonnement erroné. Une réflexion approfondie ne peut aboutir qu'à une seule conclusion : la proposition est soit vraie, soit fausse. Si elle est vraie, prenez une décision avec conviction, et agissez en conséquence avec détermination. L'état de conviction dépend de l'intégrité de l'esprit humain.

Lorsqu'il est nourri de faits, l'esprit ne se trompe pas et la décision prise inspire la conviction.

Pour tirer tout le parti possible de ses capacités et en tirer le meilleur parti, il faut qu'une conviction profonde et entière imprègne et embrasse toutes les phases de son activité. La profession doit le justifier, sinon il faut relever le niveau ou chercher un nouveau domaine d'activité pour permettre la pleine expression.

Au cours de mes quarante années d'expérience dans le domaine de la vente, j'ai toujours agi comme mon premier client. Ma conviction est que si un produit est suffisamment bon pour que je l'achète, il est suffisamment bon pour que je le vende. A l'inverse, si ce n'est pas assez bon pour moi pour acheter, ce n'est pas assez bon pour moi pour vendre. En agissant sur cette conviction, le succès a suivi.

La conviction fondée sur le principe du bien est invincible et ne manque jamais de convaincre. Elle fait passer la capacité d'action à la vitesse supérieure. Elle agit avec confiance et détermination. Convainquez-vous, et vous convainquez tous les autres. Quelques impulsions fortes, un peu de jugeote, une règle ou deux, et une dose de conviction, et la capacité se met en action.

Avant de refermer le livre sur ce chapitre, je vous suggère de lire, de revoir et d'étudier chacune de ces sept façons et d'y réfléchir en fonction de votre propre capacité. Pour vous en souvenir, je vais les énumérer.

Application Challenge Organiser Liberté Vision

Condamnation de la coordination

Dieu n'est pas partial à l'égard de quelques privilégiés. Ses dons et ses richesses illimités sont gratuits pour tous. Cependant, certaines lois les régissent.

Pendant la Seconde Guerre mondiale, de nombreuses histoires ont été racontées sur la façon dont l'homme a affronté et surmonté des problèmes et des conditions qui semblaient insurmontables. Face à une crise, une capacité cachée vient à la rescousse de l'homme. Il se retrouve à faire l'impossible et à accomplir de prétendus miracles. L'exigence de la situation provoque des moyens pour la résoudre. La capacité latente ne cherche pas une occasion favorable pour travailler. Elle est instantanément disponible pour toute occasion et fonctionnera pour n'importe qui à n'importe quel moment. Il n'est pas nécessaire d'entrer dans un trou de renard ou de s'échouer dans un bateau pneumatique pour trouver les lois de Dieu. Elles sont là où vous êtes. Les réalisations miraculeuses deviennent monnaie courante dès que l'homme apprend à tirer parti de ses capacités latentes. Un miracle n'est que l'accomplissement d'une des lois de Dieu que l'homme apprend à comprendre et à appliquer.

L'électricité transforme l'ampoule électrique inerte en une lumière brillante. Les vapeurs d'essence mettent un moteur en action, et la vapeur transforme une locomotive en un véhicule d'énergie et de puissance. En ce moment même, votre capacité peut vous revitaliser et vous refaire. Elle transforme les pensées négatives en actions positives. Elle transforme le pessimisme et le désespoir en espoir et en confiance. Elle transforme la dissipation et la défaite en application et en progrès. Elle transforme tout effort en santé, bonheur et réussite.

Les contes de fées sont fondés sur la sagesse et le mysticisme. Lorsque vous apprendrez à puiser dans les lois invisibles de Dieu et à utiliser votre capacité à les appliquer, beaucoup plus de contes de fées seront un rêve réalisé.

Votre capacité est le produit de vos pensées. Ne vous contentez que du meilleur. Rappelez-vous : La capacité est doublement bénite.

Il bénit celui qui donne, et celui qui prend.

Comment Augmenter Votre Pouvoir De Penser et de Construire

Vous avez surgi d'une cellule, une cellule invisible à l'œil nu. Cette cellule avait le pouvoir de penser et de construire, et de le faire en harmonie avec la loi et l'ordre. Elle a utilisé les mathématiques pour déterminer le nombre de choses nécessaires à la constitution de votre corps. Elle a utilisé la chimie pour déterminer les propriétés chimiques nécessaires pour nourrir votre corps. Elle a utilisé la physique pour déterminer l'énergie nécessaire à votre corps. Dans une séquence logique, cette cellule a puisé dans les forces de la vie et, par la division et la multiplication d'autres cellules, a construit un corps humain dans un arrangement ordonné. Une fois terminé, il a exigé un certificat de naissance de votre mère.

À la naissance, cinq voies sensorielles étaient disponibles pour parrainer la pensée. Les yeux pour voir, les oreilles pour entendre, le nez pour sentir, la langue pour goûter et le toucher pour sentir. Pour utiliser ces voies sensorielles, il était nécessaire de penser.

L'accumulation de ces sensations a développé des impressions. Ces impressions se sont transformées en connaissances. La perception s'est formée. Vous étiez conscient des choses. Vous pouviez distinguer les objets et reconnaître les sons. Vous aviez l'aptitude à connaître et la capacité d'acquérir des connaissances.

Un jour, au fil du temps, la mémoire est apparue. Vous avez découvert la capacité de vous souvenir d'événements, de noms et de visages, et de retenir des informations et des connaissances. Tu avais la capacité d'observer, de te concentrer, de te souvenir et de raisonner. Tu étais une créature rationnelle, capable de censurer et de discipliner tes propres actes. Vous étiez conscient de vous-même et de votre propre identité. Qui suis-je ? D'où est-ce que je viens ? Pourquoi suis-je ici ? Vous cherchiez la cause des tuiles. Quelle était leur origine ? Qu'y avait-il derrière eux ? Tu étais capable de comprendre l'idée invisible derrière la chose visible. Vous pouviez voir l'homme dans le vase, l'artiste dans l'image et la pensée dans le produit. Vous acquériez la capacité de former des idées, d'établir la relation entre la cause et l'effet, et d'avoir une conception de votre propre capacité. Vous commenciez à comprendre. Vous étiez conscient de votre pouvoir de penser. Aujourd'hui, cette cellule s'est développée en une personnalité humaine et, avec le pouvoir de penser, elle examine sa propre création, son propre développement, sa propre capacité et son propre progrès.

Ce plan de développement est celui que suivent les êtres humains normaux. Il prouve que l'homme est une créature pensante. C'est un attribut normal et naturel de penser. Dès sa conception, l'homme est une créature pensante. Au cours de son développement précoce, il a suivi certaines lois précises pour penser de manière naturelle. La possibilité d'être conscient de ces lois devrait être une incitation et une inspiration supplémentaire pour y croire, pour les démontrer et les appliquer dans toute activité. En adhérant au principe qu'il est une créature pensante, l'homme peut parvenir à un épanouissement complet de son pouvoir de penser et de construire.

Je crois que c'est Platon qui a dit : « Il n'y a rien de grand dans le monde à part l'homme, et il n'y a rien de grand dans l'homme à part l'esprit. » La capacité de l'esprit à penser est basée sur certaines lois. Ces lois sont au nombre de cinq, et leur compréhension vous donnera le pouvoir de penser et de construire. L'application de ces lois vous aidera à transformer votre capacité en argent.

1. LA LOI DE L'OBSERVATION

Le premier maître de l'homme a été ses yeux. Il a ouvert les yeux et s'est émerveillé de ce qu'il voyait. Par une vigilance constante, il découvrit qu'il avait non seulement un œil pour voir, mais aussi un cerveau pour interpréter. Il a commencé à observer les choses qui l'entouraient. Il s'émerveillait de leur existence. Il nota les nombreux changements dans la nature et la répétition des quatre saisons. Il observa le soleil et la lune et nota leurs divers changements. Il a enregistré ces observations. Elles ont été transmises de génération en génération en tant que connaissances de base. C'est ainsi que la civilisation s'est développée avec son vaste réservoir d'informations, de faits, de sciences et de connaissances. La plupart de nos livres sont une expérience enregistrée, basée sur l'observation et interprétée en relation avec d'autres connaissances de base.

Qu'est-ce que l'observation ? L'observation est l'acte ou la faculté d'observer ou de prendre note. C'est l'acte de voir ou de fixer l'esprit sur quelque chose. Le terme vient du mot latin « observare, » qui signifie « sauver, » « préserver » ou « garder. »

Le monde est un panorama d'événements passagers. Il est rempli de personnes, de choses, de mots et de manifestations de la nature. Chacune d'entre elles offre une ample opportunité d'observation et d'étude. Profitez de votre environnement, observez votre environnement et faites de ce que vous observez une partie de vos connaissances.

L'observation est le meilleur professeur pour développer les bonnes manières. Elle enseigne la courtoisie, qui est l'acte d'être prévenant et attentionné envers les autres. Elle vous apprend à ne pas marcher devant quelqu'un sans lui dire « pardon. » Il vous apprend à ne pas oublier de dire « merci » lorsque quelqu'un vous ouvre la porte. Elle fait que la courtoisie compte beaucoup dans votre vie.

L'observation vous apprend à observer les choses dans la nature. Une bonne partie de ma compréhension a été acquise en observant le soleil, la lune, les étoiles, les nuages et l'infinie variété des choses naturelles.

Tous enseignent et enrichissent notre capacité à penser. L'autre soir, en prenant le train pour Chestnut Hill, j'ai regardé par la fenêtre du wagon. Un magnifique coucher de soleil commençait. J'ai laissé tomber le journal instantanément. J'ai commencé à observer le coucher de soleil.

Devant moi se trouvait la nature dans toute sa gloire. Des teintes se fondant dans d'autres, des bleus et des roses translucides, et le vert le plus pâle éclairé de reflets dorés et de mouchetures de pourpre royal, tout cela ornait le ciel. Sa majesté, sa beauté, son ampleur, m'ont rempli d'admiration et de respect. Elle a suscité en moi un amour et une admiration proches de la révérence que seule une telle beauté peut apporter. C'était un festin mental. Elle a inspiré à ma conscience une plus grande appréciation et une compréhension plus profonde. Cela m'a fait réfléchir.

L'observation élargit la perspective, donne de la profondeur à la compréhension, aiguise l'esprit et vous rend plus allergique aux opportunités.

Ruskin a dit : « Les choses les plus communes du monde sont celles qui ont le plus de valeur. » L'observation vous entraîne à voir les petites choses, et à réaliser que toutes les grandes choses sont faites de beaucoup de petites choses. Tout le monde peut voir les rochers, mais ce sont les petits cailloux qui vous déstabilisent. Essayez de voir une chose dans toutes ses composantes. Observez sa forme, sa taille et sa couleur. Cela vous apprendra à comparer. Comparer, c'est analyser, et analyser, c'est penser.

L'inspiration et l'enthousiasme pour inventer, l'inclination à faire de nouvelles découvertes et le désir d'améliorer tout plan ou toute chose existante sont le résultat de l'observation.

Thomas A. Edison a dit : « Je commence généralement là où les autres s'arrêtent. L'observation et mes propres connaissances m'incitent à continuer. » Edison a appris par l'observation que l'électricité produirait de la lumière si elle était correctement résistante dans une bobine hautement sensibilisée. Il a trouvé la réponse dans la bobine de tungstène pour produire la célèbre ampoule Mazda. Au total, Edison a fait breveter plus de mille deux cents articles, et la plupart d'entre eux ont commencé par l'observation.

Robert Fulton s'est assis dans la cuisine de sa mère et a observé la vapeur qui s'élevait de la théière. « Elle a du pouvoir. Je vais l'exploiter, » dit-il. Le moteur à vapeur en est le résultat.

Charles Goodyear a observé le mélange bouillir sur la cuisinière. Il a débordé et s'est figé en une masse élastique. C'est à partir de cette observation qu'il a découvert le caoutchouc.

Charles F. Kettering, président de la General Motors Research Corporation, rendait visite à sa mère à la ferme. Elle utilisait encore les lampes à huile d'antan. En observant la lampe, l'idée d'inventer le système Deko lui est venue. Aujourd'hui, grâce à cette observation, des milliers d'agriculteurs bénéficient d'un meilleur éclairage dans leurs maisons.

Le premier lit était un trou dans une grotte. L'homme suivant a mis des feuilles dans le trou. L'homme suivant a mis des brindilles sous les feuilles. L'homme suivant a fabriqué un lit de camp. L'homme suivant a mis des pieds sur le lit de camp. Enfin, l'homme suivant a mis des ressorts et un matelas sur le lit de camp. Aujourd'hui, grâce à l'observation, vous disposez d'un lit.

Le même principe s'applique au développement des transports. Il y a d'abord eu la roue. La roue s'est transformée en charrette, la charrette en chariot, le chariot en automobile et l'automobile en avion. Tout ce processus était basé sur l'observation.

Vous voyez ainsi la valeur de l'observation pour accroître votre pouvoir de réflexion. Essayez de vous amuser et de prendre plaisir à ce que vous voyez. Vous recueillerez de nombreuses idées précieuses. Cela suscite des intérêts et vous met sur la voie de la pensée créative. La pensée créative vous rendra riche dans les domaines matériel et spirituel. Entraînez vos yeux à voir et votre esprit à interpréter. Ils vous apprendront à penser et à construire.

2. LA LOI DE LA CONCENTRATION

Vous êtes-vous déjà tenu sur la rive d'une rivière et avez-vous observé l'eau tourbillonnant autour d'un centre ou d'un vortex dans le courant ? Avez-vous observé comment ce tourbillon ou centre attirait à lui tout ce qui descendait en flottant sur le courant ? Il s'agissait d'un centre actif, positif, distinct de tout autre centre ou vortex dans ce courant, et en raison de sa force individualisée, il avait le pouvoir d'attraction, et tout était attiré vers lui.

Lorsque vous concentrez vos forces mentales, vous devenez le vortex ou le centre de l'intelligence, et vous pouvez attirer à vous tout ce que vous désirez.

Qu'est-ce que la concentration ? La concentration vient du mot latin « concentrum, » qui signifie « centrer. » C'est diriger l'esprit vers un centre commun. C'est accorder une attention stricte à la tâche à accomplir. C'est maintenir l'esprit sur un sujet à l'exclusion de tous les autres. C'est la force directrice qui accélère la matérialisation de vos désirs.

Comme pour l'observation, vous devez avoir un sujet spécifique sur lequel vous concentrer. Il doit s'agir de personnes, de choses, de mots ou d'idées. La concentration est toujours un état positif et créatif de l'esprit.

Une aide qui vous aidera à vous concentrer est de vous entraîner à écouter. L'homme pouvait comprendre les sons et communiquer avec ses semblables bien avant de développer l'art de lire et d'écrire. Il dépendait des signaux sonores. Les oreilles sont le moyen d'enregistrer les signaux sonores et de développer la capacité d'écoute.

La nature a donné à l'homme deux oreilles et une bouche. Il est censé écouter deux fois plus qu'il ne parle, sinon il aurait deux bouches et une oreille. Ne soyez pas trop désireux d'impressionner les autres avec ce que vous dites, mais soyez désireux d'entendre ce qu'ils disent. Gardez vos oreilles ouvertes et votre bouche fermée. Cela vous aidera à vous concentrer et vous permettra de profiter de nombreuses situations intéressantes.

Un jeune berger serbe, qui gardait son troupeau, a planté la lame de son couteau dans le sol d'un pâturage. Il frappa la lame et d'autres bergers, qui se reposaient sur le sol à plusieurs mètres de là, entendirent les signaux sonores. Cela a donné une idée au jeune berger serbe. Vingt-cinq ans plus tard, ce garçon, Michael Pupin, en utilisant le principe des signaux terrestres, a rendu possible la communication téléphonique à travers le continent. Il gardait l'oreille tendue vers le sol.

Une vieille chouette sage était assise sur un chêne. Plus il voyait, moins il parlait ; moins il parlait, plus il entendait... Le hibou n'était-il pas un vieil oiseau sage ?

Une autre aide pour développer le pouvoir de concentration est la lecture.

Napoléon a dit un jour : « Montrez-moi une famille de lecteurs, et je vous montrerai une famille qui dirige le monde. »

Les bons livres sont la brique et le mortier qui maintiennent la civilisation. Ils maintiennent en vie le passé et animent le présent.

Qu'est-ce qu'un livre ? C'est ce que quelqu'un a vu, senti, imaginé, vécu ou découvert, exprimé en mots pour vous transmettre ces connaissances et informations. Ainsi, en lisant, vous entrez en contact avec les grands esprits du passé et du présent. Vous apprenez à comparer avec Shakespeare, à raisonner avec Platon, à méditer avec Emerson, à visualiser avec Jefferson, à observer avec Burroughs, à peser avec Bacon, à penser avec Socrate, à juger avec Lincoln, à dramatiser avec Churchill et à aimer avec Jésus.

La lecture fait un homme complet. C'est un instrument de mesure pour la comparaison, un niveleur pour la compréhension, une équerre pour l'évaluation et un fil à plomb pour la concentration. Elle provoque la pensée, inspire la méditation, engendre la réflexion, provoque la délibération, et vous donne une plus grande puissance pour vous concentrer sur le travail. Elle accroît votre compréhension et vous permet de mieux comprendre la pensée des autres. Il vous aide à former un modèle de pensée et vous aidera à influencer et à motiver les autres à penser et à agir. Elle vous aide à analyser et à visualiser. Vous apprenez à penser autour et à travers les choses. Elle ouvre de nouvelles perspectives, affine le jugement, stabilise la pensée et vous apprend à être tolérant et prévenant envers les autres. Elle vous aide à grandir et à vous développer.

Il y a quelques années, un groupe d'hommes d'affaires bien connus de New York pêchait au large des côtes de la Floride. Ils ont été favorablement impressionnés par l'étalage inhabituel de connaissances et d'informations du vieux capitaine. Le fait qu'il était si bien lu, si bien informé et si bien renseigné a conduit ces hommes à penser qu'il devait avoir une bibliothèque très précieuse et étendue. Leur curiosité a amusé le vieux capitaine. Il les invita à venir chez lui pour voir sa bibliothèque. Ils s'y rendent. Ils trouvèrent le vieux capitaine dans sa cabine en train de lire à la lumière d'une bougie. Ils furent à la fois stupéfaits et amusés. Ils demandèrent à voir sa bibliothèque. Le vieux capitaine passa son bras sous son manteau et en sortit un vieux livre bien usé, déchiré par l'usage et bruni par l'âge. C'était un Old Blue Book Speller (le genre de livre qui contenait tout, sauf l'évier de la cuisine). Le vieux capitaine était fier de ce livre. Avec un sourire sur le visage et une étincelle dans l'œil, il le montra fièrement et dit : « Messieurs, voici ma bibliothèque » Le vieux capitaine connaissait avec précision et minutie tout ce que contenait ce livre. Cette connaissance le distinguait. Il l'a acquise en appliquant la loi de la concentration.

Le regretté William Lyon Phelps, l'un des plus éminents éducateurs américains, a exhorté tout le monde à lire et à se concentrer sur la Bible comme moyen d'acquérir une éducation libérale. Il disait « Je crois fermement en l'éducation universitaire, tant pour les hommes que pour les femmes, mais je crois que la connaissance de la Bible, avec un cours universitaire, a plus de valeur qu'un cours universitaire sans la Bible. Car dans la Bible, nous avons une pensée profonde magnifiquement exprimée ; nous avons la nature des garçons et des filles, des hommes et des femmes, décrite avec plus de précision que dans l'œuvre de n'importe quel romancier ou dramaturge moderne. Vous pouvez en apprendre davantage sur la nature humaine en lisant la Bible qu'en vivant à New York. » Voilà un splendide conseil pour développer le pouvoir de concentration.

Au fur et à mesure de votre lecture, relevez les mots clés. Faites en sorte que le sens complet de ces mots soit bien établi dans votre esprit. Utilisez-les comme des chevilles sur lesquelles vous pourrez accrocher d'autres pensées. De cette manière, un schéma de pensée complet se forme dans votre conscience et vous pouvez vous souvenir de ce que vous lisez et en faire une partie de vos connaissances.

Je ne me concentre jamais pendant une longue période sur un seul sujet. Trente ou quarante minutes suffisent. Lorsque cela devient ennuyeux, il est temps de se détendre. La meilleure façon de se concentrer est de lire trois ou quatre livres en une soirée. Lisez quarante minutes à la fois dans chacun d'eux. Le changement de sujet stimule de nouvelles cellules cérébrales et insuffle de l'entrain et de l'enthousiasme. En suivant cette suggestion, vous pouvez lire pendant deux heures sans grand effort. Vous pouvez vous concentrer et retenir ce que vous lisez.

Une autre bonne aide à la concentration consiste à prendre l'habitude de concentrer ses pensées sur tout ce que l'on fait dans la vie quotidienne. Je suis courtier en assurances. Je fais la plupart de mes ventes par téléphone. J'ai toujours une poche pleine de pièces de cinq cents pour le téléphone. Quand l'intuition me vient, j'appelle immédiatement mon homme. Je lui donne le plan. Je concentre mes capacités. Je capte son attention. Je suscite son intérêt. Je me concentre. Je n'attends pas de l'appeler la semaine prochaine, le jour suivant ou l'heure suivante. Je l'appelle instantanément. C'est maintenant qu'il faut faire le travail. Frappez le fer tant qu'il est chaud. J'ai réalisé de nombreuses ventes importantes en suivant cette suggestion.

Quoi que tu fasses, concentre-toi. Quand vous lacez votre chaussure, lacez votre chaussure, n'essayez pas de lire le journal. Quand tu te rases, rase-toi, ne tonds pas la pelouse. En me concentrant, je me rase en moins de deux minutes.

Les journaux constituent une autre aide à la concentration. Les mots croisés, les anagrammes, les schémas d'élimination de lettres, les vocabulaires, les tests d'informations, les mains de bridge, les twistagrams et de nombreux autres éléments intéressants peuvent être utilisés avec succès pour vous aider à vous concentrer.

Posez le mot Procrastination. En utilisant uniquement les lettres qui composent ce mot, voyez combien de mots de l'anglais courant de quatre lettres ou plus vous pouvez en faire en vingt minutes. C'est un excellent jeu pour vous aider à vous concentrer. Essayez-le.

Un bon indice pour développer la concentration est de choisir quelque chose que vous aimez. Centrer votre intérêt et votre attention sur un sujet, vous entraîne à entreprendre d'autres choses. Ce sentiment d'accomplissement vous revigore et vous encourage.

La concentration peut être comparée à la natation. On apprend généralement à nager en eau peu profonde, sans le savoir. Lorsque vous vous retrouvez en eau profonde, vous pouvez exercer cette capacité. Concentrez-vous sur les petites choses, et les grandes prendront soin d'elles-mêmes.

Exercez votre pouvoir de concentration et vous améliorez votre pouvoir de réflexion et de construction.

3. LA LOI DE LA MÉMOIRE

On n'oublie jamais ce dont on se souvient. On oublie parce qu'on oublie de se souvenir. Tout fait, toute connaissance, toute chose, tout événement, toute expérience, tout mot ou tout projet, une fois ancré dans votre conscience, devient une partie de vous. Vous ne l'oubliez jamais. La mémoire n'a pas de secret. Elle consiste à utiliser votre pouvoir d'observation et de concentration.

Mémoire vient de « memor » qui signifie « attentif. » Il s'agit d'être attentif à la chose dont on veut se souvenir. C'est le pouvoir ou la fonction de reproduire et d'identifier ce qui a été appris ou vécu.

La fonction de la mémoire. La fonction de mémoire comprend l'apprentissage, la rétention, le rappel, la reconnaissance et parfois certaines habitudes et compétences.

Mémoriser une chose par cœur est l'un des moyens les plus rapides de l'oublier. La mémoire est plus que la mémorisation. C'est la force et la fiabilité de votre pouvoir de représenter ou de rappeler le passé avec autorité.

Vous pouvez entraîner votre mémoire. L'âge, l'éducation ou l'environnement n'entrent pas en ligne de compte. Vous avez maintenant toutes les qualités et tous les attributs nécessaires, sinon vous ne seriez pas en train de lire ce livre. Voici cinq suggestions que vous trouverez pratiques et utiles.

DES AIDES POUR VOUS AIDER À VOUS SOUVENIR

Analysez ce dont vous voulez vous souvenir. Démontez-le et remontez-le. Vous pensez en termes de mots, et vous vous souvenez en termes de mots. Un mot nomme une chose. Il peut nommer une personne, un sujet, un plan, un nombre, une chose ou une idée. Le mot et la chose forment une association dans votre esprit. Cette association vous permet de vous souvenir facilement. Par conséquent, concentrez-vous sur ce dont vous voulez vous souvenir, analysez-le et associez-le à des mots. Ce faisant, vous ne l'oublierez jamais.

Il y a cinq mots clés dans ce chapitre. Ce sont l'observation, la concentration, la mémoire, la raison et l'action. Analysez ces mots et pensez-y en termes d'amélioration de votre pouvoir de penser et de construire, et vous vous souviendrez du contenu de ce chapitre.

Par conséquent, analysez les mots, obtenez leur signification complète, intégrez-les dans une phrase et utilisez-les dans votre conversation. De cette façon, les mots deviennent votre propriété et vous pouvez les transformer en argent.

Soyez précis. Le regretté Joseph Pulitzer, l'un des plus grands éditeurs de tous les temps, avait au-dessus de son bureau, en caractères gras, un mot : exactitude.

Demandez la même information à trois personnes et, selon toute probabilité, vous obtiendrez trois réponses différentes. Les informations ou les connaissances sont soit exactes, soit inexactes. L'effort déployé pour obtenir des informations inexactes est plus important que l'effort déployé pour obtenir des informations exactes. Les informations exactes parlent d'elles-mêmes, les informations inexactes doivent être expliquées. Les informations exactes sont permanentes. Les informations inexactes doivent être vérifiées.

Les faits, les événements, les dates, les chiffres, les noms et les connaissances ne changent pas. Ils sont fixes, et les fixer avec précision dans votre esprit, c'est vous en souvenir.

Pourquoi vous souvenez-vous de la table de multiplication ? Parce que les connaissances sont précises et que vous n'avez dû vous en souvenir qu'une seule fois.

Pourquoi vous souvenez-vous du 4 juillet 1776 ? C'est une connaissance précise et cette date ne s'est produite qu'une seule fois.

Le même principe s'applique aux noms et aux visages. Je m'appelle Earl Prevette. Je porte ce nom depuis cinquante-trois ans et si je vis encore cinquante-trois ans, ce sera toujours mon nom. Il n'est nécessaire de se souvenir de mon nom qu'une seule fois, et vous l'aurez toujours. En considérant les noms des gens de cette façon, vous vous intéressez au nom, vous le saisissez avec précision et vous vous en souvenez.

Lorsqu'il s'agit du nom des gens, soyez précis. Obtenez le nom correctement. Le nom d'une personne est un symbole - une marque de fabrique, un badge qui distingue et identifie cette personne des cent quarante millions d'autres personnes aux États-Unis. Une personne aime son nom. Il l'individualise et le distingue. Il aime le voir imprimé et l'entendre prononcé, mais il veut qu'il soit exact.

Un nom est un symbole parfait. Mon nom est Earl Prevette. Ce nom est un symbole parfait. Une lettre au mauvais endroit le rend imparfait. Par conséquent, lorsque quelqu'un s'adresse à moi en tant que Carl Private, il me dit quelque chose. Il me dit qu'il ne s'intéresse pas assez à moi pour saisir mon nom avec exactitude. Naturellement, je pense que s'il se soucie d'une petite chose comme l'exactitude de mon nom, il peut se soucier d'autres choses. Il est certain qu'il pourrait ne pas obtenir la considération qui lui est due. La réaction des autres peut être la même.

Par tous les moyens, notez les noms, les faits, les chiffres, les connaissances et toutes les informations avec précision. Non seulement cela vous aidera à vous souvenir, mais cela renforcera votre capacité de réflexion.

Visualisez. Créez une image mentale de ce dont vous voulez vous souvenir. Mettez dans cette image toutes les parties des choses que vous désirez retenir, et reliez ces parties entre elles par des mots. Concentrez-vous sur ces mots, étudiez leur relation, utilisez-les comme des chevilles sur lesquelles accrocher d'autres informations corrélatives, et enregistrez-les sur le film de l'imagination.

Il y a quelque temps, j'ai vu une photo de chasse. J'ai visualisé ce que j'ai vu. Aujourd'hui encore, je vois les grands espaces, les chiens vigilants, le cheval bien soigné et le chasseur élégamment vêtu de sa veste rouge et de sa casquette assortie. Pour vous raconter tout cela, j'utilise des mots. Il est nécessaire de nommer les choses et seuls les mots peuvent le faire.

Idéaliser. Pour idéaliser une chose, vous la faites entrer dans votre conscience, vous l'associez à d'autres idées, exprimées en mots, et vous la ressentez réellement en action. Lorsque vous visualisez, vous voyez toutes les parties d'une chose. Lorsque vous idéalisez, non seulement vous voyez toutes les parties d'une chose, mais vous les ressentez réellement en action.

Lorsque vous idéalisez la scène de chasse, vous pouvez sentir le sol sous vos pieds, vous pouvez voir les chiens bondir, les entendre aboyer, vous pouvez voir le cheval galoper et entendre le cor du chasseur.

Pour idéaliser une information, vous vous sentez non seulement en train de vous la remémorer, mais aussi de vous la représenter en détail. Idéalisez vos activités. C'est une méthode merveilleuse pour répéter et perfectionner votre acte. Elle permet d'éliminer les erreurs, d'éviter les gaffes, d'augmenter l'efficacité et d'éliminer l'angoisse et l'inquiétude de votre travail.

Idéalisez vos courses et une ficelle autour de votre doigt pour vous le rappeler est inutile.

Révision. Révisez absolument les tuiles dont vous voulez vous souvenir. Ne vous contentez pas de les répéter. Analysez-les, assurez-vous qu'elles sont exactes, visualisez-les, idéalisez-les et mettez-les en scène. Vous serez surpris du nombre de choses que vous pouvez revoir et vous rappeler en quelques instants.

Vous pouvez revoir votre poème préféré, une citation, un verset de la Bible, une main de bridge, l'activité du jour, un plan de vente, une interview, un rendez-vous ou toute autre connaissance particulière tout en prenant un bain, en prenant le train, en attendant un rendez-vous ou tout simplement en restant assis. Essayez-le, c'est un stimulant et un tonique pour l'esprit et le corps. Cela permet de garder l'information fraîche et de se préparer.

4. LA LOI DE LA RAISON

Salomon, l'un des hommes les plus sages qui ait jamais vécu, a dit : « Celui qui est lent à la colère est meilleur que les puissants, et celui qui domine son esprit que celui qui prend une ville. » Dieu a donné à l'homme le pouvoir de raisonner et, en l'exerçant, l'homme domine complètement ses pensées.

Qu'est-ce que la raison ? La raison vient du mot latin « ratus, » qui signifie « compter, » « croire » ou « penser. » La raison est le pouvoir de penser correctement. C'est le fait de sonder le fond et d'aller à la racine des choses. C'est la capacité de comprendre tous les facteurs et d'arriver à une conclusion solide. C'est la capacité d'organiser les faits et les connaissances dans une séquence logique. Le mortier tient les briques ensemble et la raison tient les pensées ensemble. La raison basée sur le bon sens est une méthode pratique et efficace pour faire les choses de manière effective.

Pour démontrer la loi de la raison, j'ai écrit à un groupe de présidents de compagnies de chemin de fer sur le thème « Comment vendre par téléphone. » La première impression est la suivante : comment les compagnies de chemin de fer peuvent-elles utiliser un livre sur la vente par téléphone ?

Reason a une histoire différente. Reason affirme que les présidents des chemins de fer sont intéressés par les bonnes idées, sinon ils ne seraient pas présidents des chemins de fer. Reason dit que ces hommes sont occupés et qu'il faut que la lettre soit brève, concise et précise. J'ai donc réduit une lettre de trois pages à six phrases. Voici la lettre :

M. Donald Fairman, Président U and M Railroad Company 10 Wall Street New York, New York

Cher M. Fairman :

Des milliers d'appels téléphoniques entrent et sortent de votre entreprise chaque année.

Des milliers d'occasions de semer des graines de bonne volonté, de renforcer le prestige et d'améliorer les affaires. Faites en sorte que chaque appel téléphonique compte. Comment ?

En utilisant : « Comment vendre par téléphone. » C'est un moyen efficace de faire en sorte que chaque appel téléphonique compte, et d'obtenir des résultats rapidement.

Procurez-vous un exemplaire de ce livre pour chaque homme clé et regardez les affaires affluer. Je suis, Sincèrement votre, Earl Prevette

Cette lettre donne une idée à M. Fairman, lui indique comment l'utiliser et lui fournit les moyens de le faire. Cette lettre simple a reçu une réponse favorable à 80 %.

En suivant la loi de la raison, le plan de vente suivant a été élaboré sur l'assurance-vie. Il a permis de vendre des millions de dollars d'assurance-vie.

LE PLAN

<u>Premièrement</u> : Ce plan crée immédiatement une succession pour vous et votre famille. Ce patrimoine, M. Doe, est différent de la plupart des patrimoines. Il ne se déprécie jamais, et vaut toujours cent cents par dollar. Cette succession est libre de tout privilège, hypothèque et responsabilité. Cette succession peut être administrée pour votre famille afin d'être exemptée de certains types d'impôts.

<u>Deuxièmement</u> : Ce plan établit un compte d'épargne pour vous après la deuxième année. Une caractéristique très précieuse de ce compte d'épargne pour vous, M. Doe, est qu'il est toujours disponible. Il est à votre portée, prêt à vous fournir, à tout moment, des liquidités pour faire face à toute éventualité imprévue ou à toute urgence qui pourrait survenir.

<u>Troisièmement</u> : ce plan paie tous les dépôts futurs à votre place au cas où vous deviendriez totalement invalide à la suite d'une maladie ou d'un accident quelconque. Cela garantit votre succession et garde votre épargne intacte.

<u>Quatrièmement</u> : ce plan vous permet, M. Untel, de prendre votre retraite avec un revenu à vie à tout âge compris entre cinquante et soixante-cinq ans. Ce revenu vous sera garanti aussi longtemps que vous vivrez avec l'assurance absolue que chaque dollar investi dans le plan vous sera rendu ou sera rendu à vos bénéficiaires.

Ce plan de vente compte environ deux cents mots et donne une idée composée des avantages de l'assurance-vie. Il s'agit d'une déclaration de fait vraie et concise. Il ne tente pas de définir l'assurance-vie avec ses nombreux termes techniques. En revanche, il présente une image très complète de ce que l'assurance-vie peut apporter au prospect et à sa famille, et ce, de manière très compréhensible. C'est parlé dans sa langue et il le comprend. Il sent rapidement que ce plan est une occasion de faire des choses concrètes pour lui et sa famille. Ce faisant, et en souscrivant à ce plan, il a le sentiment qu'il contribuera à son bonheur et au bien-être de sa famille.

Ce plan de vente met la loi de la raison en action. Lorsque vous postulez à un poste, suivez ce schéma de raisonnement. Indiquez vos nom, adresse, numéro de téléphone, date de naissance, taille, poids, état de santé et personnes à charge. Placez ces informations en haut de la page. Poursuivez avec des informations sur l'éducation : école secondaire, collège et formation spéciale. Indiquez les activités des cours d'été. Indiquez les activités extrascolaires et les sports. Indiquez votre expérience et toute formation spécialisée. Dites ce que vous pouvez faire, et visualisez ce que vous êtes capable de faire.

Les autres ne savent que ce que vous leur dites. Suivez la loi de la raison et vous pourrez leur dire intelligemment et efficacement.

En appliquant la loi de la raison à vos affaires, vous ne serez pas comme le vendeur qui parle pendant un quart d'heure à son client potentiel, pour qu'il dise : « Je ne sais pas ce que vous vendez, mais je vais en prendre un. »

Laissez la loi de la raison surveiller vos pensées, permettez-lui d'établir un équilibre dans votre vie et tout ce que vous ferez sera fait dans un but précis. Une once de raison permet d'économiser une livre d'énergie, et aussi une pinte d'encre.

5. LE DROIT D'ACTION

Dans la ville de Bagdad vivait Hakeem, le Sage. Des gens de tout le pays venaient lui demander conseil et avis. Il les donnait gratuitement, sans rien demander en retour.

Un jeune homme qui avait beaucoup dépensé, mais qui n'en avait pas eu pour son argent, vint le voir. Il dit à Hakeem : « Dis-moi, Sage, que dois-je faire pour recevoir le plus possible pour ce que je dépense ? » Hakeem répondit : «

Tout ce qui est acheté ou vendu n'a aucune valeur, à moins qu'il ne contienne ce qui ne peut être acheté ou vendu. Cherchez l'ingrédient sans prix. »

« Mais quel est cet ingrédient inestimable ? » demande le jeune homme.

Le sage dit alors : « Mon fils, l'ingrédient inestimable de chaque produit sur le marché est l'honneur et l'intégrité de celui qui le fabrique. Considère son nom avant d'acheter. »

L'action vient du mot latin « agere » qui signifie « faire. » C'est l'application de ce que vous savez à ce que vous faites. Entre les deux, il y a un intermédiaire. Cet intermédiaire est le caractère. Le caractère est l'esprit d'honneur et d'intégrité que vous mettez dans ce que vous faites. C'est l'esprit d'être le meilleur et de faire de son mieux à tout moment. C'est le désir de voir le travail bien fait.

On en revient à la souricière d'Emerson. Construisez-en une meilleure et les gens se fraieront un chemin jusqu'à votre porte. Mettez le bon esprit dans votre travail, et les gens vous chercheront. Cela magnétise vos efforts. Les gens veulent faire des affaires avec vous.

Il peut s'agir d'un service que vous souhaitez rendre. Il peut s'agir d'un produit que vous voulez commercialiser. Il peut s'agir d'un plan d'amélioration d'une entreprise. Quoi qu'il en soit, rappelez-vous que les gens ont les mêmes qualités inhérentes et que ce qui plaît à l'un plaira à l'autre. Ils sont motivés par des pensées et des idées. Mélangez-y l'ingrédient inestimable. Les gens l'aiment. Il établit votre valeur. La loi de l'action est rendue efficace en faisant bien le travail.

Dans ce chapitre, je vous ai donné cinq lois précises sur la façon de penser et de construire. Revenez en arrière et relisez chacune d'entre elles, et saisissez l'esprit de sa signification. Elles vous aideront. Pour vous en souvenir, je vais les énumérer.

<u>Premièrement</u> : La loi de l'observation.

<u>Deuxièmement</u> : La loi de la concentration.

<u>Troisièmement</u> : la loi de la mémoire.

<u>Quatrièmement</u> : la loi de la raison.

<u>Cinquièmement</u> : La loi de l'action.

Tout est un produit de la pensée. On pense, puis on construit. La qualité de la pensée détermine la qualité de la construction. Comparez un adobe indien à une maison d'habitation moderne.

Vous avez le pouvoir de créer des forces de pensée. Les forces de pensée qui révèlent vos qualités et l'ingrédient inestimable intégré à votre plan d'action constituent une force vitale et vivante, la force la plus irrésistible dans le monde des affaires. Ces forces de pensée donnent à votre plan d'action une couleur, une forme, une essence, une substance et l'esprit de la puissance et de l'élan dynamique. Elles définissent et clarifient votre produit ou service avec simplicité.

Elles établissent un sens et font en sorte que les autres ressentent votre produit ou service de la même manière que vous. Ils véhiculent un message factuel. Ils persuadent et convainquent. Ils apportent de l'eau au moulin. Ils transforment votre capacité en argent.

Il n'est pas dans les mortels de commander le succès, mais nous ferons plus, Sempronius, nous le mériterons.

Comment Doubler Votre Energie ?

Il y a un secret dans « Comment doubler votre énergie, » et je crois l'avoir découvert. A mon avis, il peut être accompli en appliquant le principe suggéré par Shakespeare il y a plus de 300 ans. « C'est l'esprit qui enrichit le corps. » C'est une déclaration profonde et scientifique. Elle révèle une idée des plus précieuses, et mon but dans ce chapitre est de développer cette idée de manière complète, et de partager avec vous toute sa signification.

Les gens veulent avoir plus d'énergie, mais ils sont absolument insensibles, indifférents et opposés à l'ancien système de gymnastique suédoise. Ils se souviennent trop bien des tortures des exercices de mise en place, des exercices d'haltérophilie, des douzaines quotidiennes, des exercices avec haltères et d'une foule d'autres procédures fatigantes et inintéressantes. Le fait d'y penser, sans parler de l'essayer, fait frémir d'effroi la plupart des gens et les fait se tordre de fatigue et de lassitude. Je compatis avec eux.

Shakespeare m'a donné un indice sur un nouveau système de gymnastique suédoise. J'ai pensé que vous aimeriez connaître le secret qui permet de rendre le corps riche en santé, en vitalité, en force, en vigueur, en endurance et en énergie, et d'éliminer toutes les vieilles méthodes d'exercice désuètes qui sont en vogue depuis que le premier homme des cavernes s'est frappé la poitrine en criant : « Regardez qui je suis ! » C'est pourquoi, en me prenant comme exemple et en utilisant mon propre corps comme cobaye, j'ai mis au point un système de gymnastique basé sur la science et la pratique de l'exercice corporel libre sans appareil pour promouvoir la force, la grâce et l'énergie. Ce système utilise votre tête aussi bien que vos muscles. Il ne fait appel à aucun tour de passe-passe ni à la magie, et ne nécessite pas d'heures d'entraînement ou d'autres exercices épuisants. Il élimine la torture corporelle, les muscles raides et les sensations de fatigue. Vous pouvez mettre ce système en pratique avec succès à la maison, au bureau, dans la rue, dans votre voiture ou dans tout autre endroit où vous pouvez vous trouver.

Cela ne demande qu'un peu de réflexion et quelques minutes chaque jour. Mais les résultats sont phénoménaux. J'ai toujours affirmé que personne n'a le droit d'offrir, de suggérer, de proposer ou d'avancer une théorie sur la façon de faire quelque chose, surtout si cela incite d'autres personnes à l'essayer, directement ou indirectement, à moins que la personne qui avance cette théorie ne l'ait utilisée et n'ait constaté par la pratique qu'elle fait tout ce qu'on lui demande. Ma chanson est : « Pratiquez ce que vous prêchez, » sinon les théories ne valent pas le papier sur lequel elles sont écrites. Ce système pour doubler votre énergie peut vous sembler être une théorie. C'est une théorie, mais une théorie que j'ai apprise par l'expérience. Chaque suggestion avancée a été mise en pratique et démontrée par moi. J'ai vécu chacune d'entre elles. Je connais leur valeur. Ce qu'elles font pour moi, elles peuvent le faire pour vous. Apprenez et appliquez.

Étudiez et utilisez. Percez les secrets de votre corps merveilleusement construit, et prenez-en soin de manière scientifique. Ces secrets vous apprendront à vivre avec zeste et joie. Ils doubleront votre énergie.

Le corps est la maison dans laquelle nous vivons. Il est le temple de l'esprit. Il est la source de toute énergie. Il est l'organe de l'activité. Cependant, le corps lui-même ne crée pas d'énergie. C'est la fonction des organes vitaux à l'intérieur du corps. L'énergie est créée par le processus de fabrication et de distribution du sang par ces organes. Le sang est la vie. C'est dans le sang que réside votre force et votre énergie. En tant qu'organe qui se propulse, s'entretient et agit de lui-même, le corps vit et se développe grâce au sang. Le sang est la source d'énergie.

Dieu a tout créé et Dieu est bon. L'infinie variété des choses exprimées dans la nature prouve que nous sommes entourés d'une Intelligence et d'une Puissance infinies qui établissent la loi et l'ordre dans l'univers et nous fournissent tous les éléments matériels essentiels nécessaires à notre bien-être. En tant qu'individus, nous jouissons du droit de puiser dans ces éléments et Dieu nous a dotés d'un esprit pour en faire un usage judicieux afin de répondre à nos besoins personnels.

« Heureux ceux qui ont faim et soif de la justice, car ils seront rassasiés. » Heureux ceux qui font le « juste-emploi » des éléments, car ils seront remplis de sang pur et d'énergie dynamique.

Les quatre éléments matériels les plus connus utilisés par le corps pour fabriquer le sang sont l'air, la nourriture, l'eau et le soleil. La sagesse utilisée pour assembler ces quatre éléments créateurs de vie détermine la qualité du sang qui fait la richesse du corps.

La nature fournit à l'homme tous les éléments nécessaires à la fabrication de l'acier. L'homme fait preuve d'esprit pour utiliser correctement ces éléments. Ce faisant, il est capable de fabriquer l'acier le plus fin et le plus résistant.

Discutons et analysons les quatre éléments qui composent le sang pur.

1. Air

Lorsque vous êtes né, la première chose que vous avez faite a été de respirer de l'air. La nature vous a fourni des poumons pour le faire.

La science estime que la personne moyenne n'utilise qu'environ cinquante pour cent de sa capacité pulmonaire. Les autres cinquante pour cent restent inutilisés. La nature n'est pas extravagante dans ses dons, et répartit généralement les choses comme elles doivent être utilisées. Le sang a besoin d'oxygène, et l'air est l'un des moyens de l'obtenir. La fonction des poumons est de répondre à ce besoin, mais avec 50 % de capacité inutilisée, il est possible que le sang souffre du manque d'oxygène. Par conséquent, la première suggestion est de faire un usage complet de vos poumons. Entraînez-vous à respirer profondément et complètement. C'est l'application d'une loi naturelle. Prenez l'habitude de respirer consciemment profondément et complètement une fois par heure pendant la journée. En faisant cela, vous exercez et élargissez les poumons, vous aidez à purifier le sang et vous élargissez le diaphragme. La respiration profonde consciente favorise également la relaxation. N'oubliez jamais que les forces de l'air sont vitales et vivantes. Elles contribuent à la croissance et au maintien de toute forme de vie. Le sang en a besoin et le corps s'étouffe sans lui. Cet air est gratuit. Respirez-le. Il aidera à redonner de l'énergie à tout le corps.

2. Alimentation

Le deuxième élément que vous avez réclamé à votre arrivée dans le monde est la nourriture. Le corps doit avoir de la nourriture pour que le sang soit nourri.

Qu'est-ce que l'alimentation ? Les aliments sont les différentes choses que nous mangeons. C'est un produit de la terre, de l'air, de l'eau et du soleil. Ces éléments fabriquent et alimentent les aliments en vitamines. « Vitamine » vient du mot latin « vita, » qui signifie « vie. » Les vitamines sont des forces vitales que l'on trouve à l'état naturel dans les aliments.

Ils sont essentiels à une bonne alimentation.

Comment cette force vitale pénètre-t-elle dans le corps ? Par la circulation sanguine. Ceci est accompli par un processus de fabrication et de distribution effectué par les organes internes. Les aliments sont pris dans la bouche, mâchés, avalés, puis digérés par l'estomac et préparés pour les intestins grêles. Les intestins grêles, par le processus d'osmose, récupèrent les particules d'aliments qui contiennent des vitamines. Ces particules sont transmises aux organes vitaux, dont le foie, le cœur, les poumons, les reins et autres ; et chacun d'entre eux, travaillant en harmonie avec les autres, transforme ces particules en sang, et distribue ce sang dans tout le corps pour alimenter les cellules. Ainsi, vous avez la vie, la chaleur et l'énergie.

Il n'y a qu'un seul acte conscient de votre part dans tout le processus de transformation de la nourriture en sang. Cet acte est la mastication, qui consiste à mâcher, écraser et broyer la nourriture avec les dents jusqu'à ce qu'elle devienne une pulpe. Le fait qu'il s'agisse d'un acte conscient en fait l'un des actes les plus importants liés à la nourriture. C'est une autre preuve : « C'est l'esprit qui enrichit le corps. »

Pour prouver la grande valeur de la mastication, mettez un morceau de pain rassis non beurré dans votre bouche et mâchez-le assez longtemps pour l'écraser en un liquide crémeux. Le goût indéterminé du début a maintenant un goût presque sucré comme du sucre. La mastication minutieuse de ce morceau de pain donne à la salive un pouvoir digestif en stimulant le déversement constant d'enzymes qui aident à transformer l'amidon en sucre. Lorsque cette masse pulpeuse atteint l'estomac, elle est partiellement digérée et l'estomac peut faire un bien meilleur travail. Cela s'applique à tout ce que vous mangez. En mastiquant soigneusement, l'estomac peut digérer chaque particule de nourriture. La préparation consciente de la nourriture par la mastication signifie moins de travail et moins d'usure pour tous les autres organes internes qui fabriquent le sang. Cela vous libère de l'indigestion et d'autres sentiments de détresse, et vous fournit un sang plus riche, ce qui signifie une meilleure santé et plus d'énergie. Un jour, l'homme découvrira que la plupart des affections des organes internes sont directement liées à une mastication défectueuse.

En tant que courtier d'assurance, j'ai eu l'occasion d'approcher un homme pour qu'il souscrive une assurance-vie. Il a déclaré qu'il n'était pas assurable en raison d'une pression artérielle élevée. C'était un homme fort et vigoureux, et je pensais avoir une idée de son état. Je l'ai invité à déjeuner. Il a commandé un repas très copieux et en presque moins de temps qu'il n'en faut pour le dire, tout le repas avait disparu. Je lui ai demandé s'il avait l'habitude de manger rapidement ses repas et de boulonner sa nourriture. Il m'a répondu qu'il n'y avait jamais pensé. Je lui ai suggéré, pour sa propre santé, son bonheur et sa tranquillité d'esprit, de pratiquer les principes préconisés dans ce chapitre et deux mois plus tard, l'hypertension artérielle avait disparu. Cherchez la cause du mal, et vous découvrirez le remède.

Les lois naturelles sont le meilleur professeur de l'homme, et l'obéissance à ces lois révèle la vérité. En ce qui concerne l'importance de la mastication, je voudrais attirer votre attention sur la vache. Ne vous est-il jamais venu à l'esprit qu'une vache doit manger suffisamment de nourriture pour maintenir son corps volumineux, et en même temps donner plusieurs gallons de lait chaque jour, nous fournissant tous nos précieux produits laitiers ? La vache a un secret. Elle rumine. La nourriture herbacée est avalée sans être mâchée, et passe dans le rumen, d'où elle est régurgitée en masse. Elle est ensuite mastiquée en profondeur et mélangée à la salive pendant que l'animal est au repos. Ainsi, sans mastication, il n'y aurait peut-être pas de lait, ni de beurre ou de fromage.

Le costume que vous portez est aussi le produit d'une mastication minutieuse. Le mouton est aussi un animal ruminant qui rumine. C'est pourquoi il est possible d'avoir de la laine pour les vêtements en laine. Les moutons continuent à produire de la laine tant qu'ils paissent et ruminent. Lorsque leurs dents s'usent, ils sont vendus comme mouton. C'est la raison pour laquelle les Anglais ont des côtelettes de mouton dures. Les moutons d'Australie ont usé leurs dents en broutant et en ruminant tout en produisant de la laine. C'est pourquoi ils sont vendus en Angleterre comme mouton.

La plupart des oiseaux et des volailles avalent leur nourriture sans la mâcher. La nature a été gentille avec eux, et leur a donné des gésiers. Le gésier mâche et mastique la nourriture pour les oiseaux et les volailles. La nature a aussi été gentille avec toi. Elle t'a donné une bouche et une série de dents avec lesquelles tu peux mâcher et mastiquer ta nourriture.

La valeur de la mastication a été démontrée lorsque vous étiez un bébé. Une seule fois dans votre vie, vous avez doublé votre poids corporel en un an. C'était entre votre naissance et votre premier anniversaire. Là aussi, il y a un secret. Toute votre nourriture était liquide et ne nécessitait pas de mastication.

Un fourneau brûlera mieux et fournira plus de chaleur s'il est à moitié rempli de charbon que s'il est étouffé. La surcharge de la chaudière étouffe la flamme, et une grande partie de la chaleur est perdue. Le même principe s'applique à l'estomac. Lorsqu'il est surchargé de nourriture, une grande partie de sa valeur est perdue parce que l'estomac utilise de l'énergie pour la digérer. Cela induit de la léthargie et de la fatigue. Une mastication minutieuse empêche cela, car plus la nourriture est digérée, moins elle est nécessaire. Ce n'est pas ce que vous mangez qui compte, mais ce que vous digérez. Lorsque les cellules du corps sont correctement nourries, celui-ci n'est pas enclin à l'obésité et ne souffre pas d'insuffisance pondérale.

La masse cellulaire de la moelle osseuse sécrète des globules rouges, et cette masse est alimentée par les aliments que vous digérez. Une mastication minutieuse de vos aliments contribue à nourrir cette masse cellulaire, ce qui enrichit le sang. Cela libère plus d'énergie vibrante dans un plus grand nombre de cellules, et rend le corps rayonnant de santé et de vitalité.

Prenez le temps de manger vos repas, pratiquez la mastication, et rappelez-vous que le temps gagné à boulonner les aliments est perdu à cent reprises en termes de santé, d'énergie, de plaisir, d'efficacité et de tranquillité d'esprit.

3. Eau

Le troisième élément qui enrichit le corps est l'eau. Les trois quarts de la surface de la terre sont constitués d'eau. Plus des trois quarts de votre corps sont constitués d'eau. Cela révèle un autre indice : fournir au corps de l'eau en abondance. Le corps a besoin d'eau à tout moment.

L'atmosphère qui nous entoure absorbe continuellement l'eau du corps. Elle doit être renouvelée, sinon le corps souffre de son manque. L'eau est essentielle pour fournir au corps une humidité suffisante pour maintenir les pores de la peau ouverts. Cela aide le corps à se débarrasser des toxines et autres déchets. La seule façon d'avoir une humidité abondante dans le corps est de le maintenir bien approvisionné en eau.

Faites boire de l'eau à une fleur fanée ou à une plante à moitié morte et observez avec quelle rapidité et quel dynamisme elle renaît. L'eau semble stimuler tous les autres éléments qui entretiennent la vie. Il en va de même pour le corps humain.

Les reins sont les organes qui contribuent à la fabrication et à la purification du sang. Ils ont besoin d'eau. L'eau est un agent nettoyant utilisé par les reins. Elle aide à dissoudre tous les poisons et impuretés présents dans le sang. Lorsque le sang est pur, il circule plus facilement et nourrit et restaure les cellules plus rapidement. Le sang est la force vitale de l'organisme. Sa libre circulation revitalise, réhabilite et reconstruit chaque fibre, chaque cellule et chaque muscle du corps. Lorsque les cellules sont gorgées de sang rouge pur, votre corps fonctionne avec une santé éclatante et une énergie rayonnante.

Vous prenez un bain externe tous les matins. Pourquoi ne pas essayer un bain interne ? Buvez deux gobelets d'eau en vous levant du lit. Il est possible que vous soyez un peu dégoûté au début. Si c'est le cas, c'est une bonne raison pour la boire. La sensation de dégoût est un avertissement de toxines et l'eau aide à s'en débarrasser.

Ne vous flétrissez pas et ne vous desséchez pas. Gardez votre peau jeune et éclatante de santé. L'eau aide. Entraînez-vous à boire deux gobelets d'eau au lever, et buvez au moins un gobelet toutes les deux heures tout au long de la journée. C'est le tonique de la nature. Buvez-la.

4. Soleil

Le quatrième élément qui contribue à enrichir l'organisme est le soleil. Vous est-il venu à l'esprit que tous les aliments que vous mangez sont cultivés en été ou sous les tropiques ? Les rayons du soleil sont la réponse. En été, les rayons du soleil sont plus intenses car ils frappent la terre plus directement. L'intensification des rayons du soleil accélère les forces vibratoires de l'air, et celles-ci sont capables de faire pousser toutes sortes d'aliments et de végétation. Cela se produit dans la zone tempérée pendant les mois d'été, mais dans les tropiques ou les territoires limitrophes, cela se produit tout au long de l'année. Sous les tropiques, il est possible de faire pousser des aliments à tout moment. Les épices ne sont cultivées que dans les tropiques. Ils ont besoin des rayons plus intenses du soleil, que la zone tempérée ne peut fournir. Tout a une cause et par l'observation et la réflexion, nous pouvons la trouver.

Toute la végétation prospère au soleil, et nous aussi. Le corps en a besoin. Un court bain de soleil, sans brûler la peau, deux ou trois fois par semaine en été, est très bénéfique pour l'organisme. Les rayons du soleil sont des rayons vitaux, qui chauffent et chargent les cellules en vitamines. Ces vitamines sont chargées d'énergie et le corps absorbe cette énergie du soleil comme un buvard absorbe de l'encre. Ces vita-rays pris en été augmenteront votre résistance contre les mauvais rhumes de l'hiver. Entraînez-vous à prendre un bain de soleil de temps en temps et profitez du soleil le plus souvent possible. C'est un cadeau de Dieu, qui est là pour vous aider à avoir plus d'énergie. Profitez-en.

Le corps est un assemblage plastique, semblable à de l'argile, de protoplasme composé de cellules. Ces cellules sont maintenues en vie, revitalisées et ré-énergisées par le sang. Les principes que nous venons d'énumérer nous ont montré comment utiliser au mieux les quatre éléments essentiels nécessaires à la fabrication d'un sang rouge pur. Maintenant que nous avons le sang, quelle est l'étape suivante ? Le cœur est l'organe qui pompe le sang vers toutes les parties du corps. Les artères transportent le sang depuis le cœur et le renvoient par les veines. C'est le merveilleux système de la nature pour distribuer le sang. Cependant, « c'est l'esprit qui fait la richesse du corps, » et il existe un acte conscient qui aidera le cœur à distribuer le sang. Cet acte conscient de votre part permet à chaque cellule du corps d'être nourrie en permanence de sang rouge pur.

Quel est cet acte conscient ? Là encore, nous prenons exemple sur la nature. La science estime que la plupart des animaux vivent cinq à sept fois leur âge de maturité. Selon les tables de mortalité américaines, l'âge moyen de l'homme est de 61,2 ans. C'est moins de trois fois son âge de maturité. Si l'homme vivait cinq à sept fois son âge de maturité, il vivrait jusqu'à cent à cent quarante ans.

Que font les animaux que la plupart des gens ne font pas ? Quelle est la réponse ? Les animaux doivent avoir un secret. En les observant et en utilisant mon corps comme cobaye, j'adopte et je pratique leur secret.

Ce secret est l'étirement.

L'animal suit son instinct naturel. Combien de fois avez-vous observé le chat arquer son dos, le cheval balancer son dos, le lion étendre son corps et le chien écarter ses pattes ? Ces actions corporelles des animaux sont révélatrices de quelque chose. Ils donnent l'exemple. Ils nous disent d'étirer notre corps. L'étirement est la seule forme d'exercice à laquelle les animaux adhèrent strictement.

Il doit donc s'agir de l'exercice naturel et raisonnable.

L'étirement n'est rien d'autre qu'une tension consciente. Il s'agit de tendre les muscles du corps par un acte de pensée. Dans ma propre expérience, j'ai pratiqué toutes sortes d'exercices mais je suis arrivé à la conclusion que le stretching est le meilleur et le plus naturel de tous. Il est facile à faire. Aucun équipement d'aucune sorte n'est nécessaire. Vous pouvez vous étirer consciemment pendant environ dix à vingt secondes, et si vous vous étirez, vous pouvez le faire. Prenez l'habitude de le faire, vous augmenterez votre énergie et votre peps. Prenez l'habitude d'étirer les muscles de vos bras, de vos jambes, de votre dos, de votre ventre, de vos mains, de votre cou, de vos épaules, et essayez d'étirer tous les muscles de votre corps, de la tête aux pieds. En faisant cela, exercez également votre bon sens.

Que fait l'étirement ou la tension consciente pour le corps ? Étirer les muscles, c'est étirer les cellules. Étirer les cellules, c'est les amener à se dilater et à se briser, ce qui permet au sang pur de les inonder et de les nourrir. Cela permet de chasser toutes les toxines, acides, poisons ou autres impuretés. Lorsque les cellules réclament du sang, le corps se sent fatigué. En vous étirant à intervalles réguliers, vous fournissez de la nourriture aux cellules, ce qui remplace la fatigue par de l'énergie. Vous aurez plus de capacité à faire des choses. En bref, c'est donner au corps un bain de sang.

Si les cellules du corps ne sont pas alimentées en sang, elles se dessèchent. C'est très évident chez les gens quand ils vieillissent. Les cellules de leur visage commencent à se dessécher par manque de sang, et lorsque le sang se retire, c'est comme si les marées s'éloignaient, et ce que nous voyons, ce sont des rides, des peaux desséchées et des visages flétris. Cela ne se produit jamais lorsque les cellules du visage sont correctement nourries de sang par une tension consciente.

La science découvrira un de ces jours que la plupart des maladies malignes ne sont qu'une accumulation de toxines et de poisons qui commencent leur pique-nique sur le groupe de cellules le plus vulnérable. L'étirement des muscles permet au sang d'affluer, de nourrir et de nettoyer les cellules, et les vautours des impuretés n'ont pas l'occasion de commencer leur pique- nique.

Pour illustrer la valeur de l'étirement, laissez tomber une éponge dans un seau d'eau. Regardez l'éponge absorber l'eau. Prenez l'éponge dans votre main et étirez-la très fort. Maintenant, remettez-la dans l'eau et la même chose se produit. Cela illustre la réaction des cellules au sang lorsque vous étirez les muscles.

Il n'y a pas de méthode particulière pour s'étirer. Chaque individu peut s'adapter à sa disposition, à son temps et à sa convenance. L'essentiel est de le faire. Voici comment je le fais. Je prends une grande bouffée d'air dans ma bouche, tout ce que mes poumons peuvent contenir. Je contracte mon corps, j'étire toutes les parties, je soulève le diaphragme et j'appuie sur le sol. Cela projette le sang dans ma tête, mon visage, mes épaules, mon dos, mes jambes, mon abdomen et mon cou. Puis j'expire par le nez. Cela prend quinze secondes et cela vous détend ! Essayez-le.

Faites-le en vous levant le matin et au moins une fois toutes les deux ou trois heures pendant la journée. La grande valeur de cette pratique n'a pas besoin d'être prouvée. Faites-le, et il se prouvera de lui-même. Si les os craquent, vous savez que vous vous étirez. Serrez votre main très fort et regardez comme elle devient blanche. Le sang a été expulsé de la main. Maintenant, détendez-vous et regardez le sang refluer.

C'est ce que font les étirements pour tout le corps.

La marche est un autre exercice bénéfique que j'apprécie. Le pâté de maisons moyen d'une ville fait environ cent cinquante mètres. Cela fait environ douze pâtés de maisons pour un mile, et lorsque je marche douze pâtés de maisons, ce qui prend environ quinze ou vingt minutes, je trouve que j'ai exercé mes jambes dix-sept cent soixante fois, parce qu'il y a dix-sept cent soixante yards dans un mile, et chaque pas couvre environ un mètre. Il faut absolument s'entraîner à marcher. Elle revigore le corps, stimule la circulation sanguine et suscite de nombreuses idées brillantes. Essayez-le.

Avant de conclure ce chapitre, je voudrais attirer l'attention sur le rythme du corps. Toutes les choses dans l'univers, y compris le soleil, les étoiles, les planètes, la lune et la terre, bougent en rythme. S'il n'en était pas ainsi, il serait impossible d'avoir une harmonie, et l'univers s'effondrerait instantanément.

L'harmonie établit l'équilibre, et l'équilibre établit l'harmonie. Les lois naturelles sont inexorables. Elles ne dévient jamais, et fonctionnent avec précision. Votre montre fait maintenant tic-tac pour suivre le soleil. L'astronome règle sa montre sur le soleil, mais le soleil ne se règle jamais sur la montre de l'astronome.

Le cœur bat en rythme et le sang circule en rythme. L'homme n'a pas fait battre le cœur. Il a découvert par expérience que le cœur bat en moyenne soixante-douze fois par minute. L'homme n'a pas créé la tension artérielle, il l'a seulement découverte par expérience. Le corps entier réagit au rythme. Le rythme peut être produit par l'équilibre.

Comment établir l'équilibre dans votre corps ? Par la posture du corps. C'est très facile. Voici comment faire. Rapprochez vos pieds. Rentrez les muscles abdominaux aussi loin que possible - juste un peu plus, s'il vous plaît. Maintenant, expirez tout l'air (dioxyde de carbone) que vous pouvez de vos poumons - un peu plus par le nez. Détendez-vous. Recommencez. Maintenez cette position pendant cinq secondes. Que constatez-vous ? Cet acte conscient soulève le diaphragme, étend les muscles de l'abdomen, pousse la poitrine vers l'extérieur, place le cou et les épaules dans la bonne position, donne aux poumons le goût d'une profonde inspiration, renforce la colonne vertébrale, redresse le dos, fait travailler le plexus solaire, établit le rythme et l'équilibre et développe la posture du corps. En pratiquant ce geste plusieurs fois par jour, qui ne prend que cinq secondes, vous allez rentrer la taille et jeter la bouée de sauvetage. Ce geste donne également plus d'espace aux organes internes, qui fonctionnent alors sans être encombrés. La posture du corps vous permet de marcher correctement, ce qui enlève le poids du ventre et le met sur les hanches, là où il doit être. Elle contribue également à la distribution égale du sang et toutes les parties du corps le partagent de la même manière. Elle tonifie l'ensemble du corps et dit adieu à la constipation du vieux monsieur et à toute sa bande d'ennemis.

Regardez Cock Robin. Apparemment, il n'a jamais été malade de sa vie. Il se tient là, comme un général, au garde-à-vous parfait. La morale est : « Regardez, apprenez et vivez. »

Une enquête sur une centaine d'hommes de premier plan révèle un attribut commun à tous. Il s'agit de l'énergie.

L'énergie fait la différence entre un wagon couvert et une locomotive. A titre d'illustration, voici côte à côte deux locomotives. Les meilleures qui aient jamais été construites. Toutes deux ont la même qualité de fabrication, le même équipement et la même puissance potentielle en chevaux. Mettez de la vapeur dans l'une des locomotives, et elle tirera un train de wagons couverts à travers le continent. L'autre reste sur place. Ce n'est rien de plus qu'un wagon couvert. L'énergie de la vapeur fait la différence.

Désobéissez à une loi naturelle et vous payez une amende. Obéissez-y et vous recevrez une bénédiction. Tous les principes proposés dans ce chapitre sont basés sur des lois naturelles.

« C'est l'esprit qui fait la richesse du corps. » Par conséquent, pensez à la santé, visualisez et idéalisez avec des pensées positives le type de corps que vous voulez, et rappelez-vous la légende du Prince qui était né bossu. Chaque jour, le prince se tenait devant une statue parfaite. Il visualisait et idéalisait ce qu'il voyait. Avec le temps, il s'est redressé et a acquis un corps parfait comme la statue.

Les principes et suggestions avancés dans ce chapitre ne feront pas de vous un Samson ou un Sandow avec des muscles saillants sortant de chaque membre, mais en les adoptant et en les pratiquant quotidiennement, vous aurez un corps fort, plein de santé et débordant d'énergie dynamique. Vous aurez la vivacité, la vigueur et la vitalité nécessaires pour faire votre travail efficacement et pour maintenir un effort soutenu.

Mettez ces principes en pratique tous les jours, et faites-le religieusement. Ils doubleront votre énergie. Ils vous donneront le pouvoir d'agir, et de transformer votre capacité en argent.

La Clé De La Fortune

« Au commencement était le Verbe, et le Verbe était avec Dieu, et le Verbe était Dieu » (Saint Jean 1,1).

Dieu a donné à l'homme le pouvoir d'inventer et de créer des mots. Grâce aux mots, l'homme est capable d'identifier et de classer toutes les choses de la nature, mais aussi de communiquer des pensées et des idées.

Les mots ont une histoire longue et variée. La croissance et le développement des mots sont imbriqués autour des coutumes, des lois et des traditions des personnes qui les ont inventés et créés.

Il est possible que les mots aient vu le jour chez les Égyptiens. Les hiéroglyphes ont été la première méthode utilisée pour enregistrer des caractères, des symboles et des signes. Cette connaissance brute, par la combinaison de symboles écrits et de sons parlés sur une longue période de temps, a créé l'arbre des langues. (Indo-Européen—5000 à 6000 avant J.-C.)

Cet arbre des langues était composé de six langues originales : (1) le persan. (2) Le grec. (3) Le russe. (4) Le teutonique, dont sont issus l'anglais, le néerlandais, l'allemand et le scandinave. (5) Le latin, dont sont issus l'italien, le français et l'espagnol. (6) L'arménien.

C'est de ces six langues originales et de leurs descendants que sont issus tous les mots de la langue anglaise.

Avec plus de cinq mille ans et toutes ces langues différentes dans lesquelles on peut piocher, la langue anglaise compte aujourd'hui environ cinq cent mille mots. Chacun a un intérêt inviolable dans tous ces mots. Un mot devient la propriété de celui qui l'utilise. Une tête pleine de mots vaut mieux qu'une poche pleine d'argent. L'argent n'est qu'une commodité temporaire. Les mots sont un bien permanent. L'argent est généralement perdu ou dépensé. Il disparaît, mais les mots une fois acquis sont des outils qui peuvent être utilisés encore et encore. Plus vous les utilisez, plus ils deviennent puissants. Ils ne s'usent pas et sont éternels.

Selon le dernier rapport de recensement, il y a environ cent quarante millions de personnes aux Etats-Unis. Toutes ces personnes sont des prospects pour les mots. Les mots font bouger les gens et les poussent à agir. La science a découvert par expérience que ceux qui prennent les devants et cueillent les prunes de choix dans les affaires commerciales et sociales sont ceux qui ont à leur disposition un stock de mots de choix. Un grand stock de mots donne un large éventail de connaissances, et développe plus d'outils pour penser.

Un vocabulaire est un ensemble de mots utilisés dans une langue, par une classe ou un individu, ou dans un domaine quelconque de la connaissance.

Un vocabulaire peut être comparé à un grand magasin. Un grand magasin peut faire plus d'affaires que n'importe quel autre magasin car il dispose d'une plus grande variété de marchandises.

Une personne disposant d'un large vocabulaire peut influencer plus de personnes sur plus de choses qu'une personne disposant d'un vocabulaire limité.

Les mots sont l'un de vos meilleurs amis. Au garde-à-vous, ils sont prêts à se mettre au travail pour vous à n'importe quel moment.

« Attention, s'il vous plaît ! » était le plus grand commandement parmi les forces armées. Deux mots... mais quel pouvoir ! « Attention, s'il vous plaît ! » « Les mots » sont le commandement dans ce chapitre.

Existe-t-il un moyen pratique et intéressant d'augmenter votre pouvoir des mots ? L'intérêt pour les mots est stimulé par l'étude de leurs dérivations, de leur signification, mais aussi de leur application. A titre d'intérêt, observons l'histoire et l'origine de quelques mots.

« Daisy » (fleur) vient de deux vieux mots anglais signifiant « œil du jour. » La fleur s'ouvrait à l'aube comme si elle était l'œil du jour.

« Univers » vient de deux mots latins, « unus. » qui signifie « un, » et « vertere, » qui signifie « tourner. » « Univers » signifie ce qui est transformé en un, combiné en un tout. Ce qui fonctionne sous une seule loi.

« Sandwich » (deux tranches de pain avec entre elles de la viande, du fromage, de la confiture ou autre). En 1740, John Montagu, le quatrième comte de Sandwich, était si occupé à la table de jeu qu'il n'avait pas le temps de s'arrêter pour prendre ses repas. Il mangeait sa viande entre des tranches de pain, d'où le nom de sandwich.

Le terme « ville » (tout ensemble de maisons) vient du mot anglo-saxon « tun, » qui désigne un lieu clos.

« Hiéroglyphe » vient de deux mots grecs, « hieros, » qui signifie « sacré, » et « glyphein, » qui signifie « sculpter. » Hiéroglyphique signifie « une sculpture sacrée. »

« Démocratie » (forme américaine de gouvernement), vient de deux mots grecs. « Demos » signifie peuple et « kratos » signifie « gouverner. » Par conséquent, la démocratie signifie « le peuple gouverne. »

« Confiance » vient du mot latin « con, » qui signifie « à, » et « fidere, » « avoir confiance. » Avoir confiance, avoir la foi.

« Alerte » (sur le qui-vive), vient du terme français « alerte, » « sur le qui-vive » ou le « tour de garde. »

« Enfant » (dans le sens de nouveau-né) vient de deux mots latins, « in, » qui signifie « pas, » et « fari, » « parler. » « Enfant » signifie « celui qui ne peut pas parler. »

« Alphabet » (les lettres ou caractères utilisés pour écrire une langue) a été formé à partir des deux premières lettres de l'alphabet grec. « Alpha, » qui signifie « A » et « Beta, » qui signifie « B. » Ainsi le A, B, C.

« Céréale » (une céréale préparée pour être utilisée dans l'alimentation humaine). Ce mot vient du latin « ceres. » Cérès était le nom de la déesse du grain.

« L'étymologie » (la vraie connaissance des mots). C'est le sujet que nous étudions en ce moment. Ce mot vient de deux mots grecs, « etymos, » qui signifie « vrai »—« réel, » et « logos, » qui signifie « connaissance. » La connaissance vraie et réelle des mots.

Ces douze mots illustrent l'intérêt et la fascination qu'il y a à étudier et analyser l'histoire et la dérivation des mots.

Toutes les idées, selon le professeur James, célèbre psychologue, sont instantanément associées à des mots. Par conséquent, les mots jouent un rôle important dans toutes les activités commerciales et les relations sociales. Il est essentiel d'utiliser les bons mots. Les gens réagissent plus rapidement et plus favorablement aux stimuli verbaux qu'aux images ou aux couleurs.

Puisque les mots jouent un rôle si important, il est tout à fait approprié de s'arrêter un moment pour les analyser.

Qu'est-ce qu'un mot ? Un mot est un nom. C'est une unité définie d'intelligence. C'est un symbole qui signifie ou désigne quelque chose. Sans signification, c'est un bruit ou un simple son. Avec un sens, c'est une unité complète de la parole, qui signifie et communique une idée. C'est être compris.

Par conséquent, nous utilisons des mots pour construire une structure de communication durable.

Les idées et les pensées sont communiquées de deux manières, orale et écrite. Pour rendre ces deux méthodes plus vivantes et élastiques, des mots sont incorporés dans les différentes parties du discours. Le nom est utilisé pour nommer une chose. Le verbe est utilisé pour affirmer ou prédire quelque chose. Il est également utilisé pour exprimer une action ou un mode d'être.

L'adjectif est utilisé pour décrire. Les mots sont le langage qui permet d'exprimer nos idées, de faire comprendre notre message, de clarifier notre rapport, d'apprécier nos actes et de poursuivre nos relations sociales et professionnelles. Les mots discernent et embellissent nos relations.

Un bâtiment couvre un pâté de maisons entier. La clé qui déverrouille la porte de ce bâtiment prend très peu de place dans votre poche. Pourtant, cette clé vous permet de procéder à une inspection complète de tout ce qui se trouve dans ce bâtiment. Les connaissances accumulées sur un sujet particulier, une profession, une science ou une entreprise peuvent être comparées à ce bâtiment. La clé qui ouvre la porte de ces connaissances est la parole. Une fois la porte ouverte, le savoir est à vous.

Le 21 février 1947, dans le Ripley's « Croyez-le ou Non, » sous un portrait de l'auteur de ce livre, figurait l'information suivante :

EARL PREVETTE, LL.B.

A SUIVI 32 COURS DE DROIT - A PASSÉ LE JURY D'EXAMEN DE L'ÉTAT - A ÉTÉ UNE LICENCE D'AVOCAT ET UN DIPLÔME D'ÉTUDES SUPÉRIEURES, LE

TOUT DANS 5 MOIS

Beaucoup de gens veulent savoir comment j'ai pu accomplir autant de choses en si peu de temps. J'ai utilisé la clé. Toutes les branches du droit, comme toutes les autres branches de la connaissance spécialisée, sont construites autour de mots clés. Faites en sorte que ces mots clés s'installent dans votre esprit, et ils déverrouillent toutes les autres portes. Il semble que cela forme une chaîne, et par un examen rapide des mots clés, les définitions, les termes, les phrases et toutes les autres informations nécessaires vous apparaissent clairement. C'est comme une chaîne d'éclairs, un éclair se fond instantanément dans un autre éclair, pour former un seul grand éclair qui illumine tout le ciel. Un mot-clé se lie à un autre mot-clé, et bientôt le sujet entier est complètement illuminé et coordonné en un tout complet.

En parlant de mots clés, voici comment je les ai utilisés pour obtenir les résultats décrits par Ripley. J'ai réduit l'ensemble du sujet de la loi à ses termes les plus simples. Le droit commun, c'est le bon sens, donc je me suis efforcé d'appliquer le bon sens dans l'utilisation des mots clés.

Le droit est une règle d'action, destinée à établir et à maintenir l'ordre dans les affaires privées et publiques. Une violation de cette règle dans les affaires privées est une cause d'action civile. La violation de cette règle dans les affaires publiques est une cause d'action pénale. Mots clés : « privé, » « public, » « civil » et « pénal. »

Toutes les « affaires privées » en droit sont basées sur un mot clé, « contrat. » Le contrat est un accord entre deux ou plusieurs personnes, fondé sur une contrepartie suffisante, pour faire ou ne pas faire une chose particulière. C'est le mot clé qui régit toutes les relations commerciales portant sur des biens matériels ou immatériels. Il concerne les individus, les partenariats, les sociétés, les biens personnels, les biens immobiliers, les testaments, les hypothèques, les assurances, les assurances ou tout autre bien. La violation des termes d'un contrat par l'une des parties constitue une action civile.

Une violation de la règle d'action dans les affaires publiques est un crime ou un acte ou une omission interdit par la loi.

Le crime est exprimé par les termes « délit, » « trahison, » « meurtre, » « crime » et « incendie. » Ce sont les mots clés du droit pénal. La connaissance de ces mots vous permet de comprendre les principes fondamentaux du droit en matière de criminalité.

Dans les affaires privées, le mot « contrat » est le mot clé de la loi. Dans les affaires publiques, le mot clé est « crime. » La connaissance du droit ou de toute autre matière dépend des mots clés.

Suivre le simple indice de choisir un mot-clé vous permettra de maîtriser n'importe quel sujet et de le mettre à votre portée.

En tant que courtier en assurances, j'essaie de connaître la signification de chaque mot lié à mon activité. Est-ce que ça rapporte ? Écoutez cette histoire.

Je parlais d'assurance avec un homme que je n'avais jamais vu au téléphone. Il m'a demandé la différence entre assurance et assurance. Voici ce que je lui ai répondu : « L'assurance est l'acte d'assurer, par lequel une partie s'engage à indemniser ou à garantir une autre contre la perte par un événement contingent. » Une police d'assurance incendie est basée sur un événement contingent, un événement qui peut ne pas se produire. En fait, une police d'assurance incendie peut être en vigueur pour toujours et ne jamais faire l'objet d'un sinistre. « L'assurance est l'acte d'assurer, par lequel une partie s'engage à indemniser ou à garantir une autre partie contre la perte de vie, qui est basée non pas sur un événement contingent, mais sur un événement qui est certain. » Toutes les polices d' « assurance » vie sont en réalité des polices d' « assurance » vie. Si elles sont maintenues en vigueur suffisamment longtemps, elles deviennent une créance, soit en tant que dotation lorsque le produit est versé à l'assuré en espèces, soit entant que créance de décès lorsque le produit est versé à un bénéficiaire. Par conséquent, toutes les polices incendie sont des « assurances » qui dépendent d'une éventualité pour se réaliser, et toutes les polices vie sont des « assurances, » fondées sur une certitude qui doit se produire.

L'homme était si satisfait de cette simple explication que la commission pour l'affaire qu'il m'a confiée s'est élevée à plus de mille dollars. Cent mots - mille dollars. Cela rapporte-t-il de connaître ses mots ?

Chaque chiffre des mathématiques a sa place. Celui qui n'est pas à sa place signifie une erreur. Par exemple : 12 plus 13 ne font pas 21, mais 25. En substituant le 5 au 1, on corrige l'erreur.

Chaque note de musique a sa place. C'est la combinaison correcte des notes qui produit l'harmonie. Toute note déplacée provoque une discorde.

Comme les chiffres parlent en mathématiques, comme les notes parlent en musique, les mots parlent dans les relations avec les gens.

Un grand nombre de mots jetés ensemble peuvent n'être qu'un bruit, alors que s'ils sont placés dans la bonne combinaison et prononcés avec la bonne hauteur et le bon tempo, ils deviennent des notes et des tons de puissance et d'influence.

Le charpentier, le maçon et l'ingénieur doivent surveiller de près les outils et les instruments qu'ils utilisent. Ce sont eux qui leur permettent de construire des structures durables et de bien faire leur travail. Dans vos relations avec les gens, vous devez vérifier les mots que vous mettez en action. Les mots que vous utilisez sont les outils qui persuadent les gens d'agir. Il est très important de saisir le sens réel et la véritable signification de chaque mot. « Chaque petit mouvement a une signification qui lui est propre » ; il en va de même pour chaque petit mot.

Les mots doivent être de nature à porter le sens réel aux autres. Les gens doivent comprendre

ce à quoi chaque mot se réfère, et lorsque vous faites passer ce sens, il y a une rencontre des esprits. Il y a une compréhension et un accord. Cela établit instantanément la confiance et vous permet de présenter des idées et des pensées avec autorité. Mettez les gens d'accord sur les choses auxquelles vos mots font référence, et ils agiront.

La science estime que les gens réagissent aux stimuli verbaux en un à deux dixièmes de seconde. Pour s'en convaincre, il suffit de faire une remarque sévère ou tranchante à une personne et de voir son visage rougir instantanément. Les mots durs heurtent l'oreille et provoquent une réaction rapide. À l'écrit ou à l'oral, évitez absolument les mots durs et amers.

Ils piquent avec la langue d'une vipère.

Vous pouvez frapper une personne avec votre poing, elle se relèvera et sera votre amie ; mais coupez-la avec une parole dure et elle est un ennemi pour la vie. Les mots coupent plus profondément qu'une épée, et leur blessure est incurable.

L'homme pouvait fabriquer des objets bien avant d'inventer des mots pour les décrire. Il pouvait faire des signes et parler bien avant de savoir écrire. Sa nature primitive répondra plus rapidement aux mots parlés qu'aux mots écrits qui représentent sa formation culturelle. Les mots prononcés sont des signaux sonores et un moyen d'obtenir la réaction la plus rapide et, dans de nombreux cas, la meilleure réponse. Faites très attention à vos paroles. Comme l'a si bien dit Dickens : « Un mot sérieux est aussi bon qu'un discours. »

La consultation du dictionnaire permet d'apaiser instantanément les différends et les disputes parfois vives. Chez nous, nous avons toujours un ou deux dictionnaires à portée de main. Dans le cas d'un mot dont on conteste la dérivation, le sens, l'usage ou la prononciation correcte, on consulte immédiatement le dictionnaire, et tout le monde est satisfait. L' « habitude du dictionnaire » est une bonne habitude à cultiver et de nombreux mots utiles peuvent être ajoutés à votre vocabulaire en l'utilisant.

Méfiez-vous de l'utilisation de grands mots et de phrases techniques. Les fantômes verbaux et les discours prétentieux peuvent sembler bons, mais ils ne signifient rien pour les gens. Pour réussir à diriger les pensées et les actions des gens, vous devez utiliser des mots simples et clairs qu'ils peuvent comprendre.

Le regretté Will Rogers a dit un jour : « Je ne suis qu'un vieux cow-boy de l'Oklahoma, qui essaie de s'en sortir ; et tant que je resterai un vieux cow-boy, je m'en sortirai et je pourrai manger. » Il y a là une grande leçon pour tout le monde, surtout quand on utilise des mots. Tant que vous présentez vos pensées et vos idées de manière sincère, simple et à l'ancienne, les résultats parlent d'eux-mêmes.

Certains mots, selon les psychologues, produisent une réaction émotionnelle chez la plupart des gens. Le mot « citron » vous met l'eau à la bouche. Le mot « rosbif » crée un suc gastrique et vous donne une sensation de faim pendant une minute. Certains mots font dresser les cheveux sur la tête. D'autres font battre votre cœur plus vite. Par conséquent, les mots ont une influence très puissante sur les gens, et en prononçant le mot juste, vous pouvez toujours amener les gens à dire « oui. »

Napoléon avait des généraux qui étaient plus grands que lui d'un pied, mais ils lui obéissaient. Ces généraux ne redoutaient pas le physique de Napoléon. Ce sont les mots qu'il utilisait qui faisaient bouger ces généraux et poussaient des milliers de personnes à le suivre. Les hommes peuvent être maîtrisés ou menés à la victoire par des mots.

Nous connaissons tous l'histoire d'Ali Baba, lorsqu'il s'est tenu devant la grotte et qu'il a prononcé les mots magiques « ouvre-toi, Sésame, » et que la porte s'est ouverte et voilà que d'innombrables richesses s'offraient à lui.

La vente de toute marchandise, service ou proposition dépend largement des mots utilisés par le vendeur. Le vendeur qui utilise les mots les plus colorés, avec le plus de sentiment et de sens, est celui qui dirige généralement la force de vente.

Utiliser le bon mot pour la bonne occasion n'est pas un truc. C'est un art que chacun peut développer en étudiant le sens des mots et leur application. Parlez et écrivez avec des mots que les autres peuvent comprendre.

Dans vos relations avec les gens, étudiez et analysez les mots que vous utilisez. Cataloguez quelques mots clés, autour desquels vous construisez votre conversation et rédigez vos lettres. Bien sûr, vous pouvez les varier selon l'occasion. Dites les mots à haute voix, prononcez-les correctement, et essayez de ne pas utiliser de mots ternes, plats ou sans sentiment. Parlez à quelqu'un des mots qui vous semblent douteux, et essayez de savoir si ce que vous dites est compris comme vous le souhaitez. Les mots qui ont un sens, et les mots qui pétillent de sens, sont les mots que vous voulez utiliser. Les mots qui simplifient les choses, et qui en simplifient l'utilité, sont les mots corrects à employer. Utilisez des petits mots avec des accroches qui attirent l'attention. Utilisez des mots appropriés et ils cloueront votre message dans l'esprit des gens.

L'application des mots commence par une idée dans votre esprit. Les mots que vous utilisez sont les outils pour faire passer cette idée. Un point avec une idée, présenté avec les bons mots, fait mouche. Vous vivez dans un monde pratique, vous avez affaire à des gens pratiques, et pour leur bien et celui de votre portefeuille, il vous sera utile d'utiliser des mots simples, populaires, quotidiens, ayant un sens pratique. Personne ne peut vous empêcher d'utiliser de grands mots et de grandes phrases, mais ils peuvent vous empêcher d'être bien compris.

Par conséquent, pour conclure, permettez-moi de vous suggérer de vous analyser, d'analyser votre travail ou votre poste, et d'analyser chaque mot que vous utilisez dans votre profession, quelle qu'elle soit. Mettez-vous à la place de l'autre personne. Posez vous la question suivante : Ces mots me plaisent-ils ? Me feraient-ils agir ? Me persuaderaient-ils et me convaincraient-ils ? Si vous pensez qu'ils le feraient, ils auront le même effet sur les autres personnes. En général, les mots réagissent sur nous tous à peu près de la même manière. En étudiant les mots, ils vous répondront et vous révéleront de nombreux secrets cachés qui comptent beaucoup pour vous.

Connaître le sens complet des mots vous apprend à les épeler et à les prononcer correctement, et ils deviennent des aimants pour attirer les autres vers vous. Un robot ou un perroquet ne varie jamais. Ils ne donnent aucun sens aux mots.

On peut y mettre à la fois du sens et du sentiment. Les mots, comme la musique, lorsqu'ils sont harmonisés, transmettent non seulement un sens mais aussi un sentiment. Les cœurs durs se flétrissent à la flamme des mots aimables, et lorsqu'ils sont prononcés avec douceur et gentillesse, les mots aimables ont une influence positive et durable. Le bien, la joie qu'ils apporteront, pas plus que les autres. On peut le dire. La maîtrise des mots vous permet de présenter vos pensées et vos idées de manière claire, percutante et convaincante. Ce sont les outils que vous utilisez tous les jours pour promouvoir des affaires, créer des plans et établir des relations sociales. Les mots corrects vous permettent de le faire avec efficacité, grâce, aisance et charme. Utilisez « La Clé De La Fortune » et aidez-vous.

Comment Susciter L'Enthousiasme ?

C'était la veille de Noël, et le vieux Bob était occupé comme une abeille à livrer des colis. Il chantait de joie. À minuit, quelqu'un a demandé au vieux Bob pourquoi il était si heureux et travaillait si tard. Il a répondu : « Je ne veux pas décevoir les enfants le matin de Noël. » Le vieux Bob avait de l'enthousiasme.

Qu'est-ce que l'enthousiasme ? L'enthousiasme vient de deux mots grecs : « En, » qui signifie « dans », et « theos, » qui signifie « Dieu »—« en Dieu. » Être inspiré ou possédé par Dieu, c'est l'enthousiasme. C'est un sentiment fort en faveur d'une cause ou d'une situation. Un zèle ou un intérêt ardent et imaginatif qui se traduit par une action. Victor Hugo a dit : « L'enthousiasme est la fièvre de la raison. » Emerson a dit : « L'enthousiasme est la hauteur de l'homme, le passage de l'humain au divin. » Lamartine disait : « L'enthousiasme est ce qu'il y a de mieux dans l'histoire. » Pasteur a dit : « L'enthousiasme est la contemplation du Dieu intérieur. » Epre a dit : « L'enthousiasme est l'intensité invisible, intérieure, de l'être. »

L'enthousiasme est ce sentiment intérieur qui inspire et incite à agir sans penser à la récompense. C'est cette force inspirante, vitalisante, propulsive qui prend possession d'un individu et l'amène à se perdre dans ce qu'il fait. C'est la forme d'énergie la plus puissante que l'on puisse générer.

L'influence de l'enthousiasme sur l'esprit et le corps humain est aussi démontrable que celle de la respiration. Ses résultats peuvent être mesurés en termes d'accroissement de la vitalité physique, d'une plus grande vivacité intellectuelle, de l'endurance morale et d'une compréhension plus profonde des réalités qui sous-tendent toute action humaine. L'enthousiasme illumine toute la conscience humaine, inonde chaque cellule d'énergie, fait briller les yeux et fait scintiller toute la personnalité.

L'enthousiasme est si important pour stimuler la fonction d'aptitude qu'il convient de découvrir et de révéler certains principes essentiels pour le générer. S'il était possible de démonter un homme, générer de l'enthousiasme serait un processus assez simple. Cependant, l'homme est un individu composé de qualités physiologiques, d'attributs psychologiques et d'aspirations spirituelles. Chacun de ces éléments est un facteur contribuant à générer l'enthousiasme. En tant qu'individu, l'homme doit vivre avec toutes ses composantes. Il a des intérêts, des instincts, des appétits, des pulsions et des impulsions qui parrainent ses désirs. Il a le courage, la foi et la détermination qui parrainent son ambition. Il a la pensée, l'intellect et la raison qui parrainent ses connaissances. Ce sont tous des attributs distincts qui vivent sous un même toit et sont confinés dans une seule maison, le corps humain. La sagesse exercée dans l'utilisation harmonieuse de toutes les différentes qualités et attributs de l'individu détermine en grande partie la qualité et la quantité d'enthousiasme. L'enthousiasme est l'âme même de l'homme en action et est le produit des relations harmonieuses existant dans ses attributs physiques et mentaux.

L'enthousiasme d'un individu ne peut être mesuré ou prouvé comme une proposition mathématique ou une formule chimique. La preuve de l'enthousiasme ne peut être vérifiée que par ses conséquences pratiques, et chaque individu doit la prouver par lui-même. S'il réussit à obtenir des résultats, alors il prouve même. « C'est à leurs fruits que vous les reconnaîtrez. » Rien de ce que je dis ne prouve une quelconque qualité de l'enthousiasme. C'est comme le vent, vous ne pouvez pas le voir ou le prouver, mais vous pouvez sentir et voir ses effets.

L'enthousiasme naît de l'ordre dans la conscience humaine, et celui-ci peut être largement contrôlé et guidé par l'individu. Pour le générer, chaque individu doit suivre certains principes, et dans ma propre expérience, les suivants se sont avérés très précieux.

1. PRÉPARATION

Le premier principe pour générer de l'enthousiasme est la préparation. Les éléments sont chargés de forces pour faire de l'électricité et sont instantanément disponibles pour la conversion mais, pour convertir ces forces, il faut se préparer. Un champ magnétique doit être mis en place, et une dynamo installée pour couper les lignes de force. Cette préparation convertit instantanément la puissance physique en énergie électrique et cela génère de l'électricité. Ce même principe est nécessaire pour générer de l'enthousiasme. L'enthousiasme est instantanément disponible à tout moment mais, pour le générer, il faut s'y préparer. La préparation est l'acte ou le processus qui consiste à le rendre prêt à être utilisé.

La discipline est la première condition préalable à la préparation. Les aspects physiologiques ont été traités de manière assez approfondie dans le chapitre quatre intitulé « Comment doubler votre énergie. » En suivant les suggestions décrites dans ce chapitre, le côté physique de l'homme sera bien nourri et bien traité, ce qui produira suffisamment d'énergie pour que le corps fonctionne avec zèle et harmonie.

Sur le temple d'Apollon à Adelphi sont inscrits deux mots grecs de sagesse. Ces mots sont « Meden Agan » ; traduits, ils signifient « Rien en excès, » ce qui est la tempérance. Le corps humain est une masse liquide qui se renouvelle et se réajuste constamment à son environnement. Lorsqu'il est bien nourri et bien traité, rien ne peut nuire au corps, sauf l'abus. L'abus est le fait de se détourner du bon usage des choses. L'excès d'indulgence devient un vice et détériore le corps, nuit à ses performances pleines et entières et entrave son fonctionnement harmonieux.

L'excès de stimulants et de nourriture provoque des toxines qui empoisonnent le sang et ralentissent l'efficacité du corps. Le corps tourmenté par les toxines et affaibli par l'excès d'indulgence ne peut pas générer d'enthousiasme.

En mettant en pratique les principes décrits dans « Comment doubler votre énergie, » vous n'aurez plus besoin de faire d'excès. Le corps ne mangera pas trop, ne chauffera pas trop et n'aura certainement pas besoin de stimulants d'aucune sorte. Chaque jour, mettez en pratique les principes énoncés dans : « Comment doubler votre énergie » et l'homme physique fonctionnera de manière harmonieuse et efficace. Cela produit de l'énergie et inspire l'action. Cela génère de l'enthousiasme et vous met au travail à toute vapeur.

Dans le domaine de l'action, vous trouverez d'autres principes pour favoriser votre enthousiasme.

2. POSEZ DES QUESTIONS

Le deuxième principe pour susciter l'enthousiasme est le suivant : posez des questions. Commencez à poser des questions. Chaque question a une accroche, et si vous posez suffisamment d'accroches, vous obtiendrez des informations précieuses, des informations et des idées. Associer et assimiler ces connaissances à la lumière de votre propre expérience génère de l'enthousiasme. Posez vous toutes sortes de questions concernant vos capacités, vos idées et vos progrès. Remettez en question ce que vous voyez, entendez, lisez et étudiez. La seule façon de découvrir les faits est de poser des questions. Les faits se transforment en connaissances. La connaissance se transforme en foi et en pouvoir. Cela génère de l'enthousiasme.

L'enthousiasme est contagieux. Les questions ne génèrent pas seulement de l'enthousiasme en vous, mais elles en génèrent aussi chez les autres. Je peux mieux illustrer ce point en relatant une expérience personnelle. Pendant mes vacances d'été, alors que je fréquentais l'université, le propriétaire d'un hôtel d'une petite ville m'a demandé de le gérer en son absence. Le premier acte de ma gestion a été de poser des questions. J'ai interrogé chaque employé, du groom à la femme de ménage. J'ai posé à chacun des questions sur la façon d'améliorer les services de l'hôtel. J'ai installé une boîte à questions et réponses et distribué des prix. J'ai traité chaque employé comme une unité d'intelligence, et le service a été amélioré de plus de cent pour cent. On pouvait entendre le chauffeur de bus de la gare, au lieu de rester là à attendre les clients, proclamer d'un ton digne : « Faites de l'hôtel Apex votre maison pendant votre séjour, chambres excellentes, bains chauds, nourriture délicieuse et environnement charmant. »

Sous ma direction, en appliquant un principe simple pour susciter l'enthousiasme, nous formions une grande famille, désireuse de s'entraider. Même les clients ont ressenti l'éclat et la chaleur de notre enthousiasme. Les affaires de l'hôtel ont doublé en trois mois.

Il y a quelques années, dans le cadre de la vente d'assurances-vie par téléphone, j'ai vécu une autre expérience qui illustre la valeur des questions pour susciter l'enthousiasme. J'ai appelé un fabricant que je n'avais jamais vu au téléphone.

Après avoir présenté mon plan de vente, sa réaction a été : « L'assurance-vie ne m'intéresse pas, et je pense que vous perdriez votre temps à m'en parler. » À ce moment-là, je n'avais plus rien à dire sur l'assurance-vie, mais j'ai activé la boîte à questions. Je lui ai demandé comment allaient les affaires, et ce qu'il pensait des choses en général. Cela a déclenché l'enthousiasme. Il était impatient de parler. Au cours de ses remarques, il m'a dit que sa société avait récemment construit une nouvelle annexe à l'usine au coût de 80 000 dollars. Je lui ai demandé s'ils avaient une hypothèque sur le bâtiment de l'usine et il m'a répondu que la société avait une hypothèque de 50 000 $. À ce moment-là, mon propre enthousiasme était en ébullition. Je sentais que j'avais l'occasion de rendre un véritable service. J'ai fait une remarque pleine d'émotion : « Votre entreprise, M. Fabricant, je serais peut-être intéressé par un plan d'assurance qui liquiderait et protégerait cette hypothèque en même temps. » « Que voulez-vous dire ?, » dit M. Fabricant en élevant la voix. « Je veux simplement dire, M. Fabricant, que si vous pouvez passer un examen physique, je vous proposerai un tel plan. » Il a été examiné et j'ai placé une police d'assurance-vie de 50 000 $ sur sa vie, qui garantissait le remboursement de l'hypothèque au bout de dix ans, ou à n'importe quel moment avant si M. Fabricant venait à décéder, protégeant et liquidant ainsi l'hypothèque en même temps.

Tout a commencé par une question.

Je crois que c'est feu Charles Schwab qui a dit : « Je considère que ma capacité à susciter l'enthousiasme des hommes est le plus grand atout que je possède, et le moyen de développer le meilleur d'un homme est de lui poser des questions sur son travail. Cela l'encourage et lui démontre mon appréciation. »

Posez suffisamment de questions et vous trouverez la réponse. Poser des questions déclenche une chaîne sans fin d'idées, chacune en suggérant plusieurs autres. La plupart des inventions et des améliorations sont le résultat de questions. Quelqu'un voulait connaître la réponse.

Charles F. Kettering, vice-président de General Motors, en posant des questions, a suscité l'enthousiasme pour produire une peinture qui sécherait sur une automobile en un jour au lieu de dix-sept jours, augmentant ainsi la production de deux mille à quinze mille voitures par jour.

J'ai toujours remis en question mes capacités, mes progrès, mon processus de raisonnement et cela a été l'une des plus grandes forces pour générer l'enthousiasme pour l'amélioration. C'est un moyen pratique de s'auto-analyser, de démonter les choses sans perturber leur état actuel, et c'est un excellent moyen de les perfectionner. Au fur et à mesure que vos connaissances augmentent, votre vision s'élargit, votre imagination s'accélère, ce qui suscite l'enthousiasme. Comme l'a dit Rudyard Kipling : « Je garde six honnêtes serviteurs qui m'ont appris tout ce que je sais ; Leurs noms sont Quoi, Pourquoi et Quand, Et Comment et Où et Qui. »

En posant des questions, essayez toujours d'être sincère. Posez les questions directement à l'épaule. Les subterfuges et les camouflages ne sont que des astuces pour soudoyer un homme afin qu'il dise oui, et ils ne paient pas. Les gens ne sont pas idiots, ils sont ouverts d'esprit et prévenants. Traitez-les comme une unité d'intelligence. Les questions sincères font naître des idées, suscitent des réactions, stimulent l'intérêt, créent un désir et vous donnent des informations sur la façon de faire les choses. Elles suscitent l'enthousiasme.

3. LA BONNE ATTITUDE

Le troisième principe pour susciter l'enthousiasme est le suivant : Adoptez la bonne attitude. L'attitude consiste à étudier avec un achat. C'est avoir le bon point de vue sur la chose que l'on fait, ou sur la chose que l'on veut faire. J'ai reçu une formation d'avocat, mais j'ai décidé de m'engager dans le domaine de la vente. Cela a changé mon attitude, mais pas mes capacités.

Avec ce changement d'attitude, j'ai commencé à appliquer mes capacités à la vente. Dans le domaine de la vente, j'ai commencé à analyser les motivations humaines et à découvrir les causes qui poussent les gens à agir. La vente a pris un nouveau sens. J'ai découvert qu'il s'agissait d'une science précise combinée à un art pratique. La science m'a appris ce qu'il fallait faire et l'art m'a appris comment le faire. Je me suis vite rendu compte qu'une profession consistait à pratiquer quelque chose qui était, alors que vendre, c'était créer une vente qui n'était pas. Avec cette nouvelle idée, absorbante, exaltante et inspirante, ancrée dans ma conscience, j'ai abordé le domaine de la vente avec un nouvel élan. J'aimais l'idée de créer, de développer et d'étendre des idées pour aider les autres. Cela m'a donné l'envie de vendre. Je voulais vendre. J'ai vendu.

Cette attitude génère de l'enthousiasme. La perfection de toute entreprise, art ou métier est déterminée par l'attitude. La bonne attitude à l'égard de votre travail permet de puiser dans un réservoir caché de connaissances et d'expérience, et de mettre à contribution toutes les forces disponibles pour vous aider à atteindre votre objectif.

L'attitude peut être améliorée en lisant de bons livres. Les bons livres sont les pierres angulaires de la civilisation. Essayez de vous concentrer quelques minutes chaque jour sur un bon livre.

Cela augmentera votre capacité de compréhension. Cela améliorera votre attitude envers votre occupation actuelle. Il vous incitera à aimer votre travail actuel. Il suscitera votre enthousiasme.

En parlant d'études pour aider à améliorer votre attitude, lisez cet extrait de l' « Essai sur les études » de Bacon :

« Les études servent à l'agrément, à l'ornement et à l'habileté. Leur principale utilité, pour le plaisir, est l'intimité et la retraite ; pour l'ornement, le discours et pour l'habileté, le jugement et la disposition des affaires.

Ne lisez pas pour contredire et confondre, mais pour peser et considérer. La lecture fait un homme complet ; la conférence un homme prêt ; et l'écriture un homme exact. Et, par conséquent, si un homme écrit peu, il doit avoir une grande mémoire ; s'il fait des conférences, il doit avoir beaucoup d'astuce pour paraître savoir ce qu'il ne sait pas. Les histoires rendent les hommes sages ; les poètes rendent les hommes spirituels ; les mathématiques rendent les hommes subtils ; la philosophie naturelle rend les hommes profonds ; la philosophie morale rend les hommes graves ; la logique et la rhétorique rendent les hommes capables de contester. En fait, il n'y a aucun problème, aucune condition, aucun obstacle à l'esprit qui ne puisse être résolu par des études appropriées. »

4. S'ENTRAIDER

Le quatrième principe pour susciter l'enthousiasme : Travailler ensemble. Ne vous séparez pas. N'hibernez pas. Ne procrastinez pas. N'hésitez pas. Mais surtout, intégrez. Rassemblez-vous.

Tenez une loupe au soleil et voyez à quelle vitesse les rayons brûlent un trou dans le papier. La réponse est la concentration des rayons.

Pour bien faire un travail, quel qu'il soit, il faut une concentration de la pensée. Concentrez- vous et faites strictement attention à ce que vous faites. Une intégration complète de vos attributs mentaux produit l'équilibre, la balance et la pondération. Ils vous donnent le pouvoir d'agir avec efficacité. Les capacités sont synchronisées en une orchestration complète, et le travail est accompli avec plaisir.

Éplucher des pommes de terre, écosser des pois, cueillir des mûres, tondre la pelouse, labourer le champ, creuser un fossé, fabriquer des biscuits, conduire une automobile, vendre par téléphone, diriger des sociétés, analyser des comptes, vérifier des livres, lire des livres, plaider une cause, prêcher un sermon, présenter un plan, écrire un livre ou faire quoi que ce soit d'autre peut être fait efficacement par une attention consciente. Toute occupation a un intérêt. Mettez-y du vôtre. Travaillez ensemble. La satisfaction d'un travail bien fait engendre l'enthousiasme.

L'autre soir, le cuisinier était absent. Un ami est venu téléphoner à l'heure du dîner. J'aime cuisiner. Elle aime manger. Le sujet des biscuits chauds a été mentionné. Quelques minutes plus tard, elle a dit : « Je pensais que nous allions avoir des biscuits chauds ? » Je lui ai dit que les biscuits étaient dans le four en train de cuire. Elle ne pouvait pas croire que j'avais fait des biscuits chauds si rapidement. Une attention stricte au travail permet de faire des biscuits ou de faire n'importe quoi d'autre.

De temps en temps, je dirige un séminaire de vente ici, à l'hôtel Bellevue-Stratford de Philadelphie. Les hommes viennent à ces cliniques de vente de tout le pays, même de l'ouest de la Californie. Ils ne viennent pas pour me voir, mais pour partager les idées révélées par moi.

Lors de la dernière clinique de vente, j'ai commencé à révéler des idées à 8 heures du soir et à 11 h 30, la clinique a été levée. Personne n'avait l'air fatigué et la plupart des personnes présentes ont dit que cela leur avait paru très court. Le secret de cette performance était l'enthousiasme.

C'était une intégration complète d'idées harmonieusement exprimées et reçues par tous les participants. Il semblait exister une synchronisation complète des idées. Il me serait impossible d'intéresser un groupe de personnes pendant trois heures et demie s'il n'existait pas une concorde de pensées harmonieuses, engendrées par l'enthousiasme.

Concentrez-vous et rassemblez vos forces. Le travail devient un passe-temps. La paresse, l'indolence, l'indifférence et la stupidité font place à la vivacité, au sérieux, à l'activité et à l'efficacité. Injectez vous dans le travail, perdez vous dans ce que vous faites, et vous n'aurez plus conscience du temps ni de l'effort. C'est apparemment ce qui m'est arrivé lors du dernier séminaire de vente. Je n'avais conscience ni du temps ni de l'effort. J'aime à penser que l'enthousiasme est l'Esprit de Dieu qui prend le dessus, qui mélange tout en un même sentiment de compréhension. Cela génère de l'enthousiasme.

5. REGARDER

Le cinquième principe pour susciter l'enthousiasme : Regardez à l'intérieur.

Aristote a dit : « Nous sommes les fragments de ce que l'homme pourrait être. » L'homme est enclin à se contempler à travers des lunettes colorées par des doctrines, des croyances, des croyances, des superstitions et des illusions. Certains de ces vieux shibboleths exercent une influence puissante et sont enclins à maintenir l'homme dans la soumission.

Analysez ces choses et prenez les meilleures parties d'entre elles pour votre propre illumination. Ne soyez pas l'esclave de l'une d'entre elles. Jetez tout excès de bagage par- dessus bord.

Brisez toutes les chaînes qui vous retiennent. Efforcez-vous de vous faire une image fidèle de vous-même, de vous évaluer et de vous apprécier à la lumière de votre propre intelligence. Vous réaliserez votre propre complétude et votre capacité de performance.

Vous prenez un cathartique de temps en temps pour vous purger physiquement. Pourquoi ne pas prendre une bonne dose d'introspection de temps en temps pour vous purger mentalement ?

Faites le point sur vous-même et purgez votre conscience de toutes les impuretés. Elles perturbent l'harmonie et l'unité et entravent l'enthousiasme. Une bonne purge mentale élargit votre horizon et vous donne l'occasion d'utiliser votre savoir et votre pouvoir. Elle vous aide à vous débarrasser de la frustration, de la discorde et vous permet d'obtenir la pleine puissance de vos capacités.

Regardez de temps en temps. Examinez votre personne et vos actes à la lumière de la raison. Elle est là pour vous guider et vous orienter. En regardant à l'intérieur, vous trouverez l'homme intérieur, l'esprit maître et la source de l'enthousiasme. Rappelez-vous que la raison est le siège du jugement et qu'elle vous donne une domination absolue sur vos pensées. Utilisez-la, et vous générerez de l'enthousiasme.

6. CONCEPTION CLAIRE

Le sixième principe pour susciter l'enthousiasme est d'avoir une conception claire. Conception vient des mots latins « con » et « capere, » qui signifient « saisir » ou « prendre. » Se faire une idée juste, que ce soit d'une proposition matérielle ou immatérielle, c'est prendre dans son esprit tous les éléments qui la composent. C'est saisir avec toute son intelligence et se livrer à une réflexion pour former ou concevoir des idées, comprendre le sens des mots, interpréter des symboles et créer un plan d'action scientifique.

Edward Gibbon, célèbre historien anglais qui a écrit Le Déclin et la Chute de l'Empire romain, a déclaré ceci : « C'est parmi les ruines du Capitole qu'une conception m'a donné l'idée d'un ouvrage qui a amusé et exercé près de vingt ans de ma vie. » Une fois qu'une conception claire est formée, l'intérêt et l'amusement commencent et cela génère l'enthousiasme.

Une nouvelle conception de la vente m'a permis de réduire la vente à une science. J'ai prouvé par l'expérience que la vente de tout produit ou service pouvait être réalisée avec succès en appliquant la loi des moyennes. J'ai également démontré que la façon la plus scientifique de mettre en application la loi des moyennes était d'utiliser le téléphone. La vente selon ce principe m'a permis de vendre par téléphone des assurances-vie pour une valeur de dix millions de dollars. Cette performance était une nouvelle conception d'une vieille idée. Elle suscite l'enthousiasme. Essayez d'avoir une conception claire de votre métier. Vous serez surpris par ses possibilités et ses opportunités. Elles vous surprendront. Elles vous éveilleront. Elles vous enthousiasmeront.

Dans un chapitre précédent, « La clé de la fortune, » le but était de centrer l'attention et de susciter votre intérêt pour le sujet des mots. Se faire une idée juste d'un mot, c'est en obtenir le sens correct et complet. Quelqu'un a avancé la théorie de la sémantique. Il s'agit de l'étude de la véritable conception des mots, et elle est présentée comme le moyen approprié d'obtenir des résultats.

la compréhension et la paix dans le monde. Une vraie conception des mots nous apprend à comprendre, et par la compréhension tout est possible. Elle suscite l'enthousiasme.

7. RETROSPECTION

Le septième principe pour susciter l'enthousiasme est la rétrospection. La rétrospection vient de deux mots latins, « retro signifie « retour » et « specere » signifie « regarder. » C'est l'acte, le pouvoir ou l'humeur de se remémorer le passé. Il s'agit d'une révision des expériences et de l'examen des événements passés. Regarder en arrière par la pensée nous incite souvent à regarder vers l'avant avec espoir. L'examen des performances passées nous permet de faire le point sur nos expériences, de découvrir nos divergences, d'évaluer nos progrès, de surmonter nos fautes, de rectifier nos comportements et de réparer nos déficiences.

Toutes les entreprises mettent en place un système de comptabilité qui coordonne tous les départements de l'entreprise en un tout composite. Toutes les transactions sont minutieusement détaillées et enregistrées. C'est un moyen rapide et visible de déterminer l'état des opérations. Chaque département de l'entreprise est contrôlé par rapport à l'ensemble de l'unité. Tous les quelques mois, un audit est effectué et chaque département est vérifié et comparé aux autres départements. Un équilibre est trouvé. Une entreprise fonctionnant selon ce système peut facilement déterminer les progrès ou les échecs. Grâce à la rétrospection, de nombreuses entreprises sont sauvées de l'échec et des progrès sont réalisés.

Le même principe de rétrospection s'applique à un individu. Prendre le temps de revenir sur vos expériences et d'examiner vos performances passées vous permet de les analyser et de les améliorer. Vous pouvez développer et créer un plan plus scientifique sur lequel opérer. Évaluer votre expérience et la visualiser en conjonction avec vos capacités est un moyen subtil et pratique de générer de l'enthousiasme. La préparation de ce livre a été une rétrospection et chaque chapitre a été une incitation à générer de l'enthousiasme pour le suivant.

Dans I Pierre (4:11), nous lisons : « Si quelqu'un exerce un ministère, qu'il le fasse selon la capacité que Dieu lui donne. » La profession d'une personne est un ministère. C'est rendre un service aux autres. C'est contribuer à l'achèvement de quelque chose. La perfection d'un service dans son exécution détaillée est grandement améliorée par la rétrospection. Elle est conforme à la capacité que Dieu donne et vous permet d'exprimer la patience, la diligence, la sincérité, la vigilance et la gentillesse dans chaque tâche. Elle permet d'élargir le champ de la pensée, d'atteindre un niveau supérieur de perspicacité et d'intuition. Elle vous rend plus attentif au devoir, plus prévenant envers vos compagnons de travail, plus juste envers ceux qui travaillent pour vous, et plus loyal dans votre attitude envers votre employeur. La rétrospection contribue à hâter les « bénédictions de la capacité que Dieu donne ! »

La rétrospection est une approche scientifique permettant d'évaluer les performances et les résultats passés, et de jeter des bases solides sur lesquelles bâtir les plans futurs. La rétrospection en action génère de l'enthousiasme.

L'enthousiasme a été défini. Les sept principes montrant comment le générer ont été énumérés. Revenez en arrière et lisez attentivement chaque principe, et faites en sorte qu'il soit bien ancré dans votre esprit. Ces principes sont des volts de puissance avec lesquels vous pouvez générer de l'enthousiasme. Votre capacité à être efficace et énergique doit être enflammée par l'enthousiasme. À titre de révision, je vais énumérer ces sept principes :

<u>Premièrement</u> : Le premier principe pour susciter l'enthousiasme est : La préparation.

<u>Deuxièmement</u> : Le deuxième principe pour générer de l'enthousiasme est : Poser des questions.

<u>Troisièmement</u> : Le troisième principe pour susciter l'enthousiasme est le suivant : Adopter la bonne attitude.

<u>Quatrièmement</u> : Le quatrième principe pour susciter l'enthousiasme est le suivant : Se serrer les coudes.

Cinquièmement : Le cinquième principe pour susciter l'enthousiasme est le suivant : Regardez.

Sixièmement : Le sixième principe pour susciter l'enthousiasme est le suivant : Avoir une conception claire.

Septièmement : Le septième principe pour susciter l'enthousiasme est le suivant : La rétrospection.

Ce n'est pas le fait de faire des heures, mais de s'investir dans les heures qui permet de gagner une promotion, de gagner plus d'argent, de précipiter une augmentation de salaire et de prendre de l'avance. « La procrastination est le voleur de temps. » La remise à plus tard et l'indécision sont en grande partie dues à un manque d'enthousiasme. Commencez dès maintenant à mettre en œuvre les sept principes pour susciter l'enthousiasme. Vous avez beaucoup d'incitations et d'incitations à faire des choses. Vous avez une accumulation d'espoirs et de désirs non réalisés, et la seule façon de les mettre en action est de générer de l'enthousiasme et de commencer. « L'indécision apporte son lot de retards. Et les jours sont perdus à se lamenter sur les jours perdus. Êtes-vous sérieux ? Saisissez cette minute même. Ce que vous pouvez faire, ou rêver, vous pouvez le faire - commencez. L'audace a du génie, du pouvoir et de la magie en elle. Engagez-vous seulement, alors l'esprit s'échauffe et le travail sera achevé. »

La loi de la nature est : « Fais la chose et tu auras le pouvoir. » Par conséquent, quoi que vous vouliez faire, commencez à le faire. Une fois que vous aurez commencé à générer de l'enthousiasme, vous aurez tout le dynamisme, la vigueur, la vitalité, la puissance et la force dont vous aurez besoin pour continuer. Essayez. Vous obtiendrez des résultats. Votre succès et vos progrès seront non seulement fascinants et stimulants, mais ils dépasseront votre propre entendement.

L'enthousiasme est l'un de vos plus grands atouts. Il est meilleur que l'argent, le pouvoir ou l'influence - avec l'enthousiasme, vous en devenez le maître. L'enthousiasme surmonte tous les préjugés et les oppositions et engloutit tous les obstacles. Associez l'enthousiasme à la foi et à l'initiative, et vous pourrez déplacer des montagnes et obtenir des résultats inouïs.

La production d'électricité coûte de l'argent et les compagnies d'électricité ne le gaspillent pas. En fait, toutes les précautions sont prises pour la conserver. L'électricité vaut de l'argent, l'enthousiasme aussi. Ne le gaspillez pas. Rappelez-vous « Meden Agan »—« Rien en excès. » Cela s'applique à l'enthousiasme. Contrôlez-le, canalisez-le et dirigez-le avec sagesse, jugement et bon sens. Jésus a dit : « Ne jetez pas vos perles devant les porcs. »

Ce n'est qu'une autre façon de dire qu'il ne faut pas gaspiller son énergie et son enthousiasme dans des choses sans intérêt. Le fait d'être la « vie » de la fête la veille peut faire de vous un rabat- joie le lendemain.

L'enthousiasme utilisé avec sagesse et discrétion inspire la confiance et fait que les gens croient en vous, travaillent avec vous et vous aiment. Il fera en sorte que ce que vous faites, ou ce que vous vendez, que ce soit vous-même ou des idées, s'exprime avec une autorité dynamique et résonne avec l'esprit de sincérité. Il transformera votre capacité en argent. La faute, cher Brutus, n'est pas dans nos étoiles, mais en nous-mêmes, car nous sommes des sous- fifres.

La Chose La Plus Intéressante Au Monde

Il y a quelques années, j'ai contribué à l'envoi d'un questionnaire à plusieurs centaines de personnalités de tout le pays, dont les activités couvraient toutes les phases de l'activité humaine. Le questionnaire demandait simplement : « Que considérez-vous comme la chose la plus intéressante au monde ? » Les réponses reçues étaient aussi différentes qu'intéressantes. Certains ont dit la vie, d'autres l'amour, d'autres la nature, d'autres la religion, d'autres l'art, d'autres la sculpture, d'autres l'éducation, d'autres la science, d'autres les affaires. Certains ont dit une chose et d'autres une autre. Tous avaient raison d'une certaine façon.

La chose la plus intéressante au monde, c'est vous. Il n'est que juste et approprié de s'arrêter un moment et de vous évaluer en donnant quelques estimations qui peuvent vous inspirer à de plus grandes réalisations.

Il est rare que l'on apprécie ce que l'on est ou ce que l'on est capable de faire. Cela doit venir d'une source extérieure. Vous vous prenez trop au sérieux. Vous n'avez pas pris le temps de faire le point sur vous-même, d'analyser vos capacités, de prendre pleinement conscience de votre force et de votre puissance, et de découvrir réellement quelle merveilleuse créature vous êtes, ni de découvrir les forces et les capacités latentes que vous possédez. Vous oubliez que : « Vous êtes le sel de la terre. » « Vous êtes la lumière du monde. » Vous oubliez que vous êtes la chose la plus merveilleuse que Dieu ait jamais créée. Vous oubliez que l'esprit et ses idées dominent la terre et tout ce qu'elle contient, ce qui fait de vous le maître.

Il faut vous rappeler que c'est vous qui pouvez penser, comprendre, coordonner, analyser et visualiser, imaginer et dramatiser, et voir une chose achevée à partir d'un plan. Vous considérez simplement comme allant de soi que c'est vous qui inventez, découvrez et construisez les choses merveilleuses qui vous entourent. C'est vous qui maîtrisez les forces de la nature et les transformez en lumière, en énergie et en chaleur, pour rendre le monde confortable. C'est toi qui peux mélanger des idées avec des ressources naturelles et les transformer en valeurs économiques dont tout le monde peut profiter. C'est vous qui avez la foi, la vision, la détermination et le courage de transformer votre capacité en argent, et de planter des idées qui non seulement enrichiront votre vie mais aussi feront de l'Amérique une meilleure nation - un meilleur endroit où vivre.

Vous vous perdez de vue à travers la masse de choses que vous créez. Tu te perds parmi tes propres choses. Vous devez sortir au grand jour et vous faire connaître.

Une vieille légende hindoue raconte qu'à une époque, tous les hommes sur terre étaient des dieux. L'homme a péché, a abusé de son privilège et a détruit son droit de jouir de son héritage divin. Le Dieu Brahma, le Dieu de tous les dieux, a décidé de retirer la divinité de l'homme. Il était très perplexe quant à ce qu'il devait en faire. Il voulait la cacher là où l'homme lui-même serait incapable de la trouver. Plutôt que d'assumer cette grande responsabilité, le dieu Brahma décida de convoquer une réunion de tous les autres dieux pour l'aider à décider où cacher la divinité de l'homme.

Le Dieu d'Isaac, le Dieu de Jacob, le Dieu d'Abraham, le Dieu de la Vérité, le Dieu de l'Esprit, le Dieu de l'Âme, le Dieu de l'Amour, le Dieu du Principe, le Dieu de la Paix, le Dieu de la Sagesse et tous les autres Dieux se sont réunis en un grand conclave pour prendre cette décision.

Le Dieu Brahma demanda des suggestions. Un Dieu suggéra que la tête de Dieu soit retirée à l'homme et placée sur le plus haut sommet de la montagne. Le Dieu Brahma répondit : « Non, ne la cachez pas là. L'homme escaladera les montagnes, il scrutera ses plus hauts sommets et la trouvera. »

Un autre Dieu a suggéré que la tête divine soit enterrée profondément dans le sol. Le Dieu Brahma a dit : « Non, ne la cachez pas dans le sol. L'homme creusera dans le sol à la recherche d'or, d'argent et d'autres métaux précieux, et c'est là qu'il la trouvera. »

Un autre Dieu a suggéré qu'ils le coulent dans la partie la plus profonde de l'océan. Le Dieu Brahma a dit : « Non, ne la cachez pas au fond de l'océan. L'homme plongera et cherchera au fond des mers et c'est là qu'il la trouvera. »

Finalement, le Dieu de la Sagesse a dit : « Alors, cachons la divinité dans l'homme lui-même. » « Oui, » répondit le Dieu Brahma, « nous la cacherons là, car l'Homme ne pensera jamais à la chercher en lui-même. »

Ainsi, la divinité a été cachée dans l'homme depuis lors. Elle est toujours là. La plupart des hommes sont constamment en train de creuser, de grimper, de chercher, de la chercher partout sauf au bon endroit. Ils essaient de la trouver de l'extérieur.

Tournez-vous vers l'intérieur, et vous y trouverez votre divinité. Dès que vous la trouverez, vous prendrez conscience de cette grande force créatrice qui est en vous. Cette grande force, ce pouvoir inexploité, ce quelque chose de dynamique, cette âme invincible en vous aspire à s'exprimer. Elle demande à être reconnue. Elle supplie qu'on lui donne l'occasion de vous élever et de vous aider à réaliser de plus grandes choses. Cette grande force créatrice en vous est un géant emprisonné qui, lorsqu'il est libéré, peut vous mener à un succès insoupçonné.

« L'homme le plus intelligent du monde est celui qui est en vous, » a dit le Dr Frank Crane. « Par cet autre homme à l'intérieur de vous, je veux dire cet Autre Homme en chacun de nous qui fait la plupart des choses que nous nous attribuons le mérite de faire. »

Le fermier boer a vendu sa ferme à Kimberley, en Afrique du Sud, parce qu'il ne pouvait pas en vivre. Cette ferme est aujourd'hui le site des mines de diamants de Kimberley, l'un des endroits les plus riches de la planète. Le Dr Russell H. Conwell raconte une histoire similaire dans « Des Hectares de Diamants. » L'histoire est celle d'un fermier de Pennsylvanie qui a vendu sa ferme pour rejoindre son frère qui avait trouvé du pétrole au Canada. Le nouveau propriétaire, en examinant la ferme, a découvert qu'à l'endroit où le bétail s'abreuvait dans un petit ruisseau, une épaisse écume était entraînée par les pluies depuis le sol. L'écume a été examinée et on a découvert qu'elle contenait du pétrole. Cette ferme est devenue Oil City, en Pennsylvanie, l'un des centres pétroliers les plus riches du monde.

Vous êtes peut-être comme l'un de ces agriculteurs. Vous cherchez peut-être des champs plus riches ailleurs alors que ces richesses sont en vous.

Le champ le plus inexploité de ce pays, la mine la plus riche dont vous saurez jamais rien, se trouve juste sous votre chapeau, juste au-dessus de votre col. En ce moment même, cette grande mine attend que vous la développiez. Ce qu'elle donnera, ce qu'elle produira, personne ne le sait, pas même vous. Vous ne connaîtrez jamais les ressources illimitées qui sont à votre disposition tant que vous ne commencerez pas à les exploiter. En cherchant, vous découvrirez des pouvoirs cachés et des capacités latentes dont vous ne soupçonniez pas l'existence. En creusant, vous découvrirez des sécheresses et des idées qui non seulement enrichiront votre portefeuille, mais aussi rempliront votre vie d'une appréciation plus complète et plus profonde. En passant au crible, vous verrez une variété infinie d'opportunités. Un nouveau monde aux richesses incalculables vous sera révélé. Des choses dont vous n'avez jamais rêvé. Vous aurez une vie plus pleine, plus riche et plus belle.

Huxley a écrit un jour à Kingsley : « Le jour le plus sacré dans la vie d'un homme est celui où il peut croire en quelque chose. » « La foi est la raison devenue courageuse, tout progrès et toute science sont le résultat de la foi. »

Vous pouvez avoir foi en une superstition. Vous pouvez croire à la chance. Vous pouvez avoir confiance en une direction extérieure. Mais la plus grande foi est de croire au grand Dieu qui est en vous.

« Ne savez-vous pas que vous êtes le Temple de Dieu, et que l'Esprit de Dieu habite en vous ? »

Avant son décès, quelqu'un a demandé à feu le Dr Charles P. Steinmetz, le magicien de l'électricité, « quelle branche de la science ferait le plus de progrès dans les vingt-cinq prochaines années ? » Il haussa les épaules, tressa les sourcils, posa sa main sur sa tête et réfléchit pendant plusieurs minutes, puis comme un éclair répondit : « La réalisation spirituelle. Lorsque l'homme parviendra à une réalisation vitale consciente de ces grandes forces spirituelles qui sont en lui et qu'il commencera à utiliser ces forces dans la science, dans les affaires et dans la vie, ses progrès dans l'avenir seront inégalés. »

C'est en puisant dans cette grande force créatrice, ce grand esprit invisible, que John D. Rockefeller, qui n'était qu'un comptable à la poitrine creuse, est devenu l'homme le plus riche du monde. C'est cette force qui a fait d'Andrew Carnegie le roi de l'acier de l'Amérique, alors qu'il n'était qu'un bobinier à dix dollars par semaine. C'est cette même force qui a fait d'un caporal chétif le plus grand général du monde : Napoléon Bonaparte.

Cette grande force créative et spirituelle qui est en vous est plus grande que la foi, plus grande que la détermination, plus grande que la vision, plus grande que l'ambition, plus grande que la confiance. Elle est tout cela à la fois et plus encore. Elle est l'essence et la substance même de ce que vous êtes. C'est cette puissance indestructible qui est en vous. C'est cette dynamique cachée dans votre âme. En y puisant, en l'utilisant, en l'appliquant pour transformer votre capacité en argent, vous doublerez votre revenu actuel et aurez tout ce que votre cœur désire.

Consacrez un certain nombre d'heures chaque semaine à l'étude. Prenez le temps de délibérer et de méditer. Prenez le temps de lire et de réfléchir. La lecture de bons livres accroît votre compréhension et vous aide à exprimer ce que les autres pensent. Ce faisant, vous êtes en mesure de les influencer pour qu'ils fassent ce que vous voulez qu'ils fassent.

La puissance et la force du barrage de Boulder résident dans l'arrière-plan ou les tonnes d'eau qui y sont stockées. Chaque roue de turbine possède toute la force et la puissance de l'eau stockée dans ce barrage.

Votre pouvoir et votre force sont à l'origine de ce que vous lisez, pensez, ressentez et êtes réellement. Dès que vous aurez puisé dans ce réservoir inépuisable, dès que vous commencerez à n'utiliser qu'une petite partie de la force qu'il renferme, vos progrès seront inégalés.

Cette grande force spirituelle et créatrice qui est en vous peut transcender toute adversité, surmonter toute difficulté, surmonter tout problème, démêler toute situation et résoudre toute condition, et faire de vous une véritable dynamo de puissance et d'endurance. Cette force intérieure transformera l'impuissance en puissance et en action. Elle transformera la faiblesse, l'indifférence et la souffrance en santé et en force. Elle transformera la médiocrité en supériorité. Cette force vous apprendra à appliquer le grand principe que Jésus est venu dans le monde pour enseigner aux hommes :

« Avoir la vie et l'avoir en abondance. » Pour l'avoir ici et maintenant dans ce glorieux présent.

Cette grande force créatrice est en vous en ce moment, là où vous êtes, prête à travailler pour vous. Mettez-la en action, et utilisez vos capacités pour vous aider à la transformer en argent.

Comment Transformer Vos Idées En Argent ?

Le gouvernement des États-Unis compte trois départements distincts.

Premièrement : Le département législatif. La fonction de ce département est de préparer les projets de loi. Après débat et examen, les projets de loi proposés sont soit adoptés, soit mis de côté. Ceux qui sont adoptés deviennent des lois.

Deuxièmement : le département judiciaire. La fonction de ce département est de rendre un jugement et de déterminer la validité de toute loi adoptée par le département législatif. La loi est-elle en harmonie avec la Constitution ? Est-elle conforme ? Répond-elle à un besoin ?

Telles sont les questions que le département judiciaire peut poser sur toute loi. Le pouvoir judiciaire peut déclarer nulle et non avenue toute loi adoptée par le pouvoir législatif.

Troisièmement : le département exécutif. La fonction de ce département est d'exécuter et de mettre en œuvre toutes les lois qui ont été adoptées par le département législatif et qui n'ont pas été désapprouvées par le département judiciaire. Le département exécutif fait de la loi une réalité.

Il existe trois départements distincts de l'esprit qui traitent des idées. La fonction de ces trois départements de l'esprit présente une similitude frappante avec les trois départements du gouvernement.

Premièrement : L'émotion est le département législatif de l'esprit. L'émotion vient du mot latin « emovere, » qui signifie « sortir. » C'est une pensée vibratoire sortant de l'esprit, qui est attirée par une influence extérieure exprimée ou manifestée soit dans une autre idée, suggestion, symbole ou chose. C'est être conscient de quelque chose instinctivement ou intellectuellement. L'émotion est l'antenne du mental qui rayonne et émet des pensées dans l'espace, et les reçoit également de l'espace. Toutes les idées, pensées, suggestions ou impulsions qui arrivent au mental sont reçues par le biais de l'émotion. Une idée de qualité et de mérite est prise en considération et transmise par l'émotion, qui est le département législatif de l'esprit.

Deuxièmement : Le jugement est le département judiciaire de l'esprit. Le jugement est l'acte de juger l'opération de l'esprit, impliquant la comparaison et la discrimination par lesquelles la connaissance des valeurs et des relations est mentalement formulée. Le pouvoir du jugement est d'analyser, de raisonner, d'interpréter et de discerner. Une fois que l'idée a été acceptée par le département législatif, l'émotion, elle est transmise au département judiciaire, le jugement. Le Jugement pèse chaque détail de l'idée pour déterminer sa qualité, son utilité et pour vérifier si elle répond à un besoin et aussi pour établir sa validité. Le Jugement agit également en tant qu'arbitre suprême et peut déclarer toute idée ou impulsion nulle et non avenue, même si elle a été transmise par l'Emotion. Une fois que le jugement a établi la validité d'une idée, celle-ci est alors prête à être appliquée et à agir.

Troisièmement : Le désir est le département exécutif de l'esprit. Le désir est l'ardeur du sentiment. Un désir ardent de voir l'idée en action. Le désir exécute et met en œuvre l'idée. Le désir transforme l'idée en une réalité. Il faut les trois départements du gouvernement pour faire d'une loi une réalité, et de même il faut les trois départements de l'esprit pour transformer une idée en réalité. L'émotion passe sur l'idée, le jugement établit la validité de l'idée, et le désir exécute l'idée en une réalité.

Une bonne compréhension de ces trois départements de l'esprit vous aidera à réaliser vos rêves, vous permettra d'avoir une abondance de tout et vous permettra de transformer vos idées en argent. La connaissance des trois départements de l'esprit est essentielle, mais la réalisation ultime et complète d'une idée dépend du désir. Le désir est une combinaison de sentiments et d'actions, qui met en œuvre toutes les qualités, tous les attributs et tous les pouvoirs de l'esprit.

Qu'est-ce qu'une idée ? Une idée est une image formée dans l'esprit. C'est une image mentale de quelque chose vu, entendu ou pensé. La formation d'un modèle par lequel quelque chose est développé ou créé.

Les idées frappent sans cesse l'Emotion. Certaines sont déclarées nulles et non avenues par le Jugement. D'autres se consument dans la rêverie, et passent pour des notions fugitives. D'autres encore prennent des ailes et s'envolent. Les idées vont et viennent, et sont généralement abandonnées avec un souhait. Comme le dit le vieux dicton : « Si les souhaits étaient des chevaux, les mendiants les monteraient. »

Un souhait est bien à sa place, mais il se transforme rarement en argent. En revanche, certaines de vos idées sont bonnes et peuvent être transformées en argent. C'est sur elles que vous voulez vous concentrer et les transformer en argent.

Comment transformer votre idée en argent ? Il s'agit d'un processus simple et fascinant, qu'il faut apprécier.

Il importe peu que vous travailliez avec des personnes, des mots ou des objets. Il est essentiel de disposer d'un véhicule pour transmettre votre idée aux autres. Le meilleur véhicule pour transmettre une idée est un plan. Un plan donne un corps à l'idée. Un plan transforme l'idée en un idéal. Un Idéal est une image parfaite, et établit une véritable conception de la chose que vous voulez créer, ou de l'événement que vous voulez provoquer dans votre expérience.

Tout ce que vous observez dans la nature est une Idée de Dieu, et se manifeste dans un Plan. Ce Plan donne à l'Idée un Corps exprimé en forme, taille et couleur. S'il n'en était pas ainsi, il serait impossible de créer un corps, d'identifier et de classer les différentes variétés et espèces telles qu'elles apparaissent dans la nature. C'est un indice certain de la raison pour laquelle toute idée visant à influencer les gens ou à créer des choses doit avoir un Plan.

Ce grand principe se manifeste tout autour de nous. Tout ce qui a été créé par l'homme a son origine dans l'Esprit. C'est une idée invisible avant d'être une chose visible. C'est une pensée, puis un produit. Toute idée d'accomplissement réussie doit avoir un plan. Non seulement un plan identifie votre idée, mais il la distingue et lui donne l'élan nécessaire pour fonctionner.

Trois principes précis sont essentiels pour créer un plan pour votre idée.

<u>Premièrement :</u> Créez un plan pour la chose que vous désirez.

<u>Deuxièmement :</u> développez un processus pour mettre le plan en action.

<u>Troisièmement :</u> Produire un acte pour faire du plan une réalité. Un plan pour la chose que vous désirez implique une idée très précise et spécifique de la chose, de la position ou de la situation que vous voulez. Après avoir pris une décision définitive, il faut construire un plan autour de cette idée.

Il est très simple de construire un plan, et de le faire de manière scientifique. Il faut le planifier. Une masse de matériaux jetés ensemble ne permettra pas de construire une maison. Chaque brique, chaque planche et chaque clou doit avoir sa place. Il en va de même pour la construction d'un plan. Chaque mot, chaque pensée et chaque phrase doit avoir sa place. Un plan est une connaissance organisée pour décrire les raisons pour lesquelles la chose ou la position désirée doit devenir une réalité. C'est l'art de créer dans l'esprit d'une autre personne une croyance en l'idée que vous souhaitez qu'elle accepte.

La façon la plus scientifique d'élaborer un plan est de rassembler tous vos matériaux, de rassembler tous les faits et de découvrir tout ce que vous pouvez sur la chose que vous désirez. Obtenez son histoire, son contexte, sa relation économique et le rôle qu'elle joue dans la vie.

Analysez ces données, cataloguez-les, classez-les, organisez-les, définissez-les, affinez-les et prenez les meilleures parties de ces données pour les traduire dans votre plan. Incluez dans ce plan tout ce qui peut améliorer les affaires, tout ce qui peut contribuer au bien-être d'autrui, tout ce qui peut apporter la tranquillité d'esprit aux gens, tout ce qui peut enrichir le bonheur d'autrui, ou tout ce que vous pouvez trouver qui vous aidera à transformer votre idée en argent.

Présentez ce plan dans l'ordre, en énumérant chaque point étape par étape, et essayez d'utiliser des mots charnus ayant un sens imagé. Parlez ou écrivez votre plan en termes concrets, pas en phrases abstraites. Faites en sorte qu'il soit bref, concis, direct, précis, percutant et par tous les moyens compréhensible. Assaisonnez le plan avec la saveur de l'intérêt personnel, assaisonnez-le avec l'épice de l'enthousiasme et sucrez-le avec le sucre de la gentillesse.

<u>Deuxièmement</u> : élaborer un processus pour mettre le plan en action.

En inaugurant le plan pour la chose que vous désirez, vous avez décidé définitivement de ce que vous voulez. Le plan pour l'accomplir est maintenant établi. Quelle est l'étape suivante ? Élaborer un processus, pour mettre en œuvre le plan de ce que vous désirez. Un processus est l'acte de procéder à la mise en œuvre du plan.

Le Plan en action. Ceci est réalisé par l'application de quatre lois définitives, et chacune d'entre elles est essentielle à l'accomplissement du plan. Ces lois sont :

1. LA LOI DE LA FOI

Paul a donné au monde la plus grande définition de la Foi : « Or la foi est la substance des choses qu'on espère, la preuve de celles qu'on ne voit pas. » La Foi, c'est croire et faire confiance de tout cœur aux forces invisibles de Dieu qui sont la substance des choses espérées ; et en adhérant strictement à cette Foi, la substance de ces choses deviendra l'évidence de ces forces, et fera son apparition dans votre expérience.

Quelqu'un a demandé à Andrew Carnegie ce qu'il considérait comme la plus grande chose dans son succès phénoménal. Il a répondu : « La foi en moi-même, la foi dans les autres et la foi dans mon entreprise. » Le monde fait toujours place à l'homme qui sait ce qu'il fait, et où il va.

Le soir du 12 décembre 1900, un jeune homme de trente-huit ans est invité à prendre la parole lors d'un banquet organisé à l'University Club de New York. Parmi les invités à ce banquet figurent des hommes éminents de l'industrie et de la finance, avec à leur tête J. P. Morgan. Le sujet du discours du jeune homme était : « L'avenir de l'industrie sidérurgique. » Il a parlé pendant une heure et trente minutes. Sa foi inébranlable dans l'avenir de l'industrie sidérurgique et dans le plan pour l'initier était si scientifique, dynamique et énergique que toutes les personnes présentes ont été incitées à agir. J. P. Morgan, dont on s'attendait à ce qu'il parte après les premières minutes du discours, a été si fasciné et si impressionné qu'il a décidé de créer la United States Steel Corporation.

L'orateur de cette soirée était Charles M. Schwab. En récompense de ce discours démontrant la loi de la foi en une idée, Charles M. Schwab a été nommé premier président de la United States Steel Corporation, avec un salaire de cent mille dollars par an. Il est payant de faire preuve de Foi.

La foi est une croyance en l'issue favorable de tout ce qui est entrepris. La foi donne vie, puissance et action à votre plan. La foi vous inspire une confiance absolue pour démontrer votre plan, et vous qualifie pour transformer vos idées en argent. Pratiquez donc la foi.

2. LA LOI DE LA RÉPÉTITION

Dans la nature, la loi de la répétition consiste à répéter continuellement et régulièrement les mêmes choses. Chaque jour, le soleil

se lève à l'est, et se couche à l'ouest, avec une précision absolue. La nuit suit le jour avec une certitude immuable. Les quatre saisons se répètent consécutivement l'une après l'autre avec une inexorable exactitude. L'astronome règle son horloge selon cette loi invariable.

La loi de la répétition a été l'un des facteurs qui ont contribué à vous enseigner la plupart des choses que vous connaissez parfaitement dans la vie. Par exemple : Quand vous étiez petit, il vous a fallu beaucoup de temps pour apprendre à marcher. Puis vous avez finalement appris par la loi de la répétition. Vous avez continué à répéter les mêmes mouvements tous les jours et de toutes les manières. Finalement, grâce à votre propre expérience, vous avez acquis suffisamment de connaissances, d'assurance et de confiance pour vous qualifier et vous perfectionner dans l'art de la marche. Au début, c'était une tâche très difficile, mais une fois que vous avez acquis la connaissance et l'expérience de la marche, c'est devenu très facile.

Tu as appris à parler par la même loi. Avec le temps, il a fallu aller à l'école, et là encore, la loi de la répétition est devenue votre professeur. Encore et encore, elle vous a appris à mémoriser les A, B, C, la table de multiplication et le premier poème que vous avez récité devant la classe. Les choses que la loi de la répétition vous a enseignées sont ancrées dans votre conscience. Elles font partie de vous et leur application est naturelle et facile.

Le tour du magicien semble facile. Il est facile pour lui. Il l'a rendu facile par la loi de la répétition.

Appliquée au processus de mise en œuvre de votre plan, la loi de la répétition consiste à perfectionner votre plan. Vous y parvenez par la pratique. Vous apprenez à le connaître, vous apprenez à le chronométrer. Vous savez quand parler et quand vous taire. Vous savez quel ton et quelle inflexion donner à chaque mot. Vous avez confiance en votre plan. Vous apprenez à ressentir vos répliques et chaque pensée qu'elles contiennent devient plus inspirante et plus vivifiante. Il devient une partie de toi. Vous pouvez le donner dans un ordre parfait et en parfaite coordination. Vous découvrez qu'il est magique, non seulement pour vous, mais aussi pour ceux à qui vous le présentez. En pratiquant et en démontrant votre plan, il prend son propre élan et projette sa propre aura. Vos pensées deviennent des aimants et vous pouvez faire en sorte que les autres ressentent l'impulsion de votre plan.

Chaque fois que vous révisez votre plan, vous apprenez quelque chose de nouveau. Vous apprenez à développer une nouvelle inspiration, un nouvel intérêt, un nouvel élan et un nouvel enthousiasme. N'hésitez pas à répéter et à essayer de perfectionner votre plan en appliquant la loi de la répétition.

3. LA LOI DE L'IMAGINATION

L'imagination est le pouvoir de penser en termes d'images, de mots ou de choses. C'est l'atelier de l'esprit. C'est là que le plan prend forme et qu'il est préparé pour l'action. Cette faculté de l'esprit est capable de visualiser et d'imaginer une idée en action.

Pour illustrer le pouvoir dynamique de l'imagination pour développer une idée, il vous intéressera de connaître cette histoire. Il y a environ cinquante ans, un vieux médecin de campagne créa une formule merveilleuse. Il ne savait pas quoi en faire, mais il se rendait compte de sa grande valeur. Il apporta cette formule à un jeune employé de pharmacie et lui expliqua son contenu. Cette formule n'était qu'une idée pour le vieux médecin, mais le pharmacien lui a versé cinq cents dollars pour cette idée.

Qu'a fait le jeune employé de la pharmacie ? Il a soumis l'idée exprimée dans cette formule à son imagination. Il a visualisé sa valeur. Il a découvert que le contenu de cette formule contenait tous les éléments essentiels pour fournir aux gens une boisson fraîche et rafraîchissante, qui les ferait réfléchir et leur donnerait un coup de fouet. Cette idée a enthousiasmé le vendeur de médicaments et l'a incité à formuler un plan pour mettre en œuvre l'idée de cette formule. Il n'a pas perdu de temps pour créer un plan de distribution d'une boisson de renommée mondiale. Ce pharmacien s'appelait Asa Candler. La boisson était le Coca-Cola. Aujourd'hui, le nom Coca- Cola est sur la plupart des panneaux d'affichage, et son goût sur la plupart des langues. Ce petit bout de papier, avec une idée mêlée à l'imagination d'Asa Candler, s'est transformé en centaines de millions de dollars.

La suite de cette histoire est que quelques années plus tard, alors que la société Coca-Cola était sur la voie de la prospérité, un jeune homme entra dans le bureau de M. Candler et lui suggéra qu'il avait un plan pour doubler les affaires de la société Coca-Cola. Pour ce plan, il voulait 25 000 dollars. Le conseil d'administration se réunit et accepta l'offre. Ce plan était court et précis, et contenait probablement moins de mots que tout autre plan jamais proposé pour doubler les affaires d'une entreprise. Le plan était : « Mettez-le en bouteille. »

L'imagination est l'une des facultés les plus précieuses - il faut absolument la développer.

4. LA LOI DE LA PERSISTANCE

Vous pouvez avoir foi en une idée, vous pouvez perfectionner une idée grâce à la loi de la répétition, vous pouvez utiliser le pouvoir de l'imagination pour visualiser l'idée ; mais avec tout cela, vous devez aller jusqu'au bout. Vous devez faire preuve de persévérance.

La persistance vient de deux mots latins, « per, » qui signifie « à, » et « sistere, » qui signifie « se tenir. » Se tenir debout ou être fixe, et affronter toutes les difficultés avec un courage imperturbable.

Poursuivre résolument son projet, en dépit de toute opposition ou adversité. Persévérer avec une détermination sans faille jusqu'à ce que votre plan se réalise et que vos efforts soient couronnés de succès. La persévérance est un attribut du caractère qui garantit l'accomplissement du plan.

On estime que plus de vingt millions de personnes ont lu le livre ou vu le film « Autant en emporte le vent. » Quelque chose explique cette popularité phénoménale. Qu'est-ce que c'est ? Scarlett, l'héroïne de l'histoire, est restée tout au long de la pièce maîtresse de son destin, et jamais victime de celui-ci. Aucun obstacle, aucune tragédie, aucun désastre, aucune adversité, aucune catastrophe, aucune circonstance, aucune condition n'a intimidé son esprit invincible. Elle les a tous rencontrés et vaincus avec une persistance indomptable. La démonstration de la loi de la persévérance lui a permis de vaincre le destin et de couronner ses efforts par un triomphe personnel. Cette démonstration était un défi lancé aux autres pour qu'ils l'imitent.

Ils étaient impatients de savoir comment elle faisait.

Chaque année, à Wake Forest, où je suis allé à l'université, le docteur Tom, le vieux concierge de couleur, était invité à s'adresser au corps étudiant et à offrir ses paroles de sagesse.

La grande admonition du Docteur Tom était répétée année après année. C'était « Sois sûr d'avoir raison, et ensuite sois sûr d'aller de l'avant. » C'est une illustration vivante de la Persistance.

Le plan est bon, vous êtes bon et la persévérance ne manquera pas de faire fonctionner le plan et de transformer vos idées en argent.

Réussir un plan, quel qu'il soit, c'est comme presser du cidre avec une presse à cidre. Vous pressez et pressez et il semble que le cidre ne viendra jamais ; et puis une grande pression et il sort.

La persévérance est le dernier élément important qui permet de réussir le plan. Il n'y a pas de substitut et il est bon de se rappeler qu'un « lâcheur ne gagne jamais, et qu'un gagnant n'abandonne jamais. »

<u>Troisièmement :</u> Produire un acte pour faire du plan une réalité.

« Le monde entier est une scène, et tous les hommes et femmes ne sont que des acteurs. »

Dans le premier Principe, nous avons acquis les connaissances essentielles pour le Plan. Dans le deuxième principe, nous avons appris les lois nécessaires à sa réalisation. Vient maintenant le troisième principe, l'acte de faire du plan une réalité. Dans ce dernier rôle, nous devenons un acteur de Shakespeare. Toutes les forces de caractère et tous les attributs de la personnalité doivent être générés pour mettre le plan en action.

Une idée est une image. Une idée avec un plan est une image parfaite. C'est un idéal. Un idéal est quelque chose de réel, qu'il soit visible ou invisible. C'est une idée composée de plusieurs idées. Que se passe-t-il lorsqu'un plan devient un idéal ? L'idée contenue dans le plan devient réelle pour toi. Elle fait partie de toi. Le plan reçoit une grande réception dans la grande salle de bal de la conscience. Il y rencontre l'envie, l'esprit, le motif, la confiance, le courage et l'impulsion de l'action. Lors de cette réception, la foi embrasse le Plan. L'imagination loue le Plan. La répétition répète le Plan et la Persistance garantit l'accomplissement du Plan. Visualiser un plan, c'est le voir comme un tout composite. Idéaliser un plan, c'est le sentir en action.

Idéaliser, c'est mettre le « je » dans l'affaire. Vous vous sentez en train d'initier le plan avec habileté et d'exécuter chaque étape avec alacrité et précision. Vous ressentez son influence, non seulement sur vous-même mais aussi sur tous ceux avec qui vous entrez en contact. Avec ce pouvoir derrière une idée, le Plan devient si puissant qu'il devient bientôt une force motrice derrière vous.

Pour illustrer la théorie sur « Comment transformer vos idées en argent, » je veux vous raconter comment je fais réellement. Il y a quelques années, j'ai dit à un agent général d'une compagnie d'assurance-vie que je voulais vendre des assurances-vie par téléphone. Il m'a répondu que c'était impossible. Quelques années plus tard, cet homme a été surpris d'apprendre que j'avais vendu pour dix millions de dollars d'assurance-vie à des inconnus par téléphone. Pour accomplir ce record inégalé, il était nécessaire que je m'y connaisse en idées et que je sache comment transmettre ces idées aux gens afin d'obtenir des résultats. J'aimais l'idée de l'assurance-vie. Ce n'est qu'une idée qui a frappé mon Emotion. Le Jugement a passé sur l'idée et l'a déclarée saine. Le Désir s'est éveillé et m'a convaincu que l'idée pouvait être transformée en argent. La question était de savoir comment le faire.

La vente ressemble beaucoup à l'agriculture. L'agriculteur doit planter la graine. Ce faisant, il n'est pas assuré d'obtenir une récolte. Il sait cependant qu'il doit semer avant de pouvoir récolter. La Bible lui enseigne : « Tout ce que vous sèmerez, vous le récolterez aussi. » La loi mosaïque lui dit que toute chose dans la nature s'accroît selon sa propre espèce.

Le fermier est comme le vendeur. Le fermier plante des graines. Le vendeur plante des idées. Les idées de votre produit, comme les graines, ne donneront jamais lieu à des ventes si elles ne sont pas plantées. Le vendeur récolte ce qu'il a semé. Plus il sème d'idées, plus il récoltera de ventes.

Pour vendre par téléphone, il est nécessaire de construire des idées autour de votre produit. Ces idées doivent transmettre la valeur du produit au prospect. Il ne peut réagir que sur des idées. Il est la force négative, vous êtes la force positive. Les suggestions doivent venir de vous. Les réactions suivront de sa part. Les idées de votre produit sont les graines que vous plantez. Le téléphone vous aide à planter plus de graines d'une manière plus scientifique et systématique.

J'ai donc compris que pour réaliser une récolte de ventes d'assurance-vie, je devais semer une récolte d'idées d'assurance-vie. Je n'ai pas perdu de temps pour élaborer un plan de vente autour de l'idée de l'assurance-vie. Pour élaborer ce plan, j'ai étudié l'assurance vie sous tous les angles, sans négliger aucune phase du sujet. J'ai recherché toutes les sources de connaissances et d'informations disponibles. J'ai lu tous les livres que j'ai pu trouver sur le sujet. J'ai comparé toutes les grandes compagnies. J'ai analysé tous les principaux types de polices, y compris l'assurance temporaire, l'assurance-vie ordinaire, l'assurance-vie à paiements limités, l'assurance mixte, toutes les formes de rentes et les régimes de revenu de retraite. Je me suis penché sur les tables de mortalité, les tables d'intérêts composés, les tables d'espérance de vie, les réserves d'argent, les clauses d'invalidité, les clauses d'exonération des primes et les tables de règlements optionnels. J'ai étudié l'assurance-vie pour les partenariats, les sociétés et à des fins fiscales. J'ai recherché les lois fiscales relatives aux successions, aux testaments et aux fiducies. Je me suis familiarisé avec les lois sur les droits de succession, tant au niveau des États qu'au niveau fédéral. Les aspects sociaux, économiques et financiers de l'assurance-vie en tant qu'institution ont été soigneusement pesés et examinés. J'ai constaté que l'institution de l'assurance-vie était la poutre d'acier qui maintenait la structure économique de la nation.

Après avoir été saturé de connaissances sur l'assurance-vie, j'ai commencé à étudier le prospect. Où se situe-t-il ? Quelle est sa place dans ce grand réseau de relations économiques, sociales et financières ? J'ai décidé que tout le système avait été mis en place dans un seul et unique but, celui de répondre aux besoins du prospect. Une police d'assurance-vie était une déclaration d'indépendance financière, comportant des garanties qui allaient résoudre ses problèmes sociaux, économiques et financiers, et sécuriser ses espoirs, ses ambitions et ses besoins. Le prospect ne le savait pas. Je dois le lui dire. J'ai donc fait du prospect le centre d'intérêt du plan. J'en ai fait le moyeu de la roue. J'en ai fait l'araignée de la toile. J'ai drapé une police d'assurance-vie autour de ses épaules. J'ai idéalisé le plan pour lui. Je l'ai fait parler. Je lui ai fait visualiser et révéler ses avantages et ce qu'ils signifiaient pour lui et sa famille.

L'idée de l'assurance-vie incorporée dans un plan de vente de deux cents mots, mise en action par la Foi, est devenue une force. Elle a attiré l'attention, suscité l'intérêt, persuadé et convaincu le prospect d'agir. Il a créé des ventes, il a produit des résultats, il a transformé l'idée de l'assurance-vie en argent. (Le plan de vente que j'ai utilisé est cité textuellement au chapitre III sous la rubrique « La loi de la raison »).

Les idées sont inépuisables, elles sont sans limites. Saisissez-en une, adoptez-la, créez un corps pour elle et faites-en un véritable enfant. L'enfant devient parfois un géant.

John D. Rockefeller a eu l'idée de fournir de la lumière à des millions de personnes, en utilisant du pétrole. Il a donné à l'idée un corps. Au début, c'était un tout petit bébé, mais vingt-cinq ans plus tard, c'était un géant qui valait des milliards de dollars.

Adolph Ochs, le défunt éditeur du New York Times, a saisi l'idée de présenter les nouvelles de manière véridique et impartiale et a construit autour de cette idée l'une des meilleures publications au monde.

Henry Ford a saisi une idée de transport. Il a donné à cette idée une carrosserie d'automobile, l'a peinte en noir, l'a appelée Modèle T, et l'a transformée en une fortune de plus d'un milliard de dollars.

Cyrus McCormick a eu une idée. Autour de cette idée, il a mis au point une moissonneuse pour couper et lier le blé en une seule opération. L'International Harvester Corporation en est le résultat.

Edison a donné un corps à son idée : « Le Phonographe. La voix de son maître. » Il ne s'inquiétait certainement pas de savoir d'où viendrait le prochain repas.

Tous ceux qui ont apporté leur contribution sous forme de services, d'inventions, de découvertes et de science, ont donné à leur idée soit un Corps, soit un Plan. Une idée ne signifie rien tant qu'elle n'est pas incorporée dans un plan ou construite dans un corps.

Une maison d'habitation, un immeuble de bureaux, un lit, une chaise, un bureau, une locomotive, une automobile, un bateau à vapeur, une déclaration d'indépendance, une démocratie, une république et même un traité de paix, sont autant d'idées que quelqu'un a données à un corps ou à un plan. Une idée, pour être utile, doit être incorporée dans un moyen de transport.

L'idée de la démocratie (le règne du peuple) était en cours de développement depuis trois mille ans avant que Thomas Jefferson ne l'intègre dans la Déclaration d'indépendance. Dans ce document immortel, Jefferson a formulé l'idée de la démocratie en ces termes : « Nous tenons ces vérités pour évidentes, que tous les hommes sont créés égaux, qu'ils sont dotés par leur Créateur de certains droits inaliénables, que parmi ceux-ci se trouvent la vie, la liberté et la recherche du bonheur... Que pour garantir ces droits, des gouvernements sont institués parmi les hommes, tirant leurs justes pouvoirs du consentement des gouvernés. »

Il s'agit de l'âme et de l'essence de la démocratie, qui expose le but et l'objet de la démocratie. La Déclaration d'indépendance a donné à l'idée de la démocratie un plan sur lequel travailler, et a jeté les bases d'une Constitution et de notre forme actuelle de gouvernement américain.

Une idée prend forme lorsqu'elle est conçue en mots, en pensées, en choses ou en actions, en fonction de ce que vous croyez en elle. Croyez en votre idée, concentrez-vous sur elle, donnez- lui un plan ou un corps. Dès que vous vous concentrez sur votre idée, de nouvelles pensées, de nouvelles idées, de nouvelles mesures, de nouveaux moyens et de nouvelles méthodes s'ouvrent pour vous aider à la concrétiser. Laissez tomber un caillou dans une mare d'eau.

Il déclenche une série de rides qui s'étendent jusqu'à englober l'ensemble de la piscine.

piscine. C'est ce qui arrive quand on donne un plan à son idée. Il semble que vous exploitiez cette grande force créatrice qui est en vous. Cela transforme cette dynamique cachée à l'intérieur en un millier d'amis, tous désireux et disposés à vous aider. Les autres ressentent votre idée de la même manière que vous. Il vous donne toute la puissance nécessaire pour mettre votre idée en action. Vous pouvez persuader et convaincre. Elle fait de l'idée une force vitale et vivante, la force la plus subtile et la plus irrésistible du monde. L'idée renforce votre caractère et donne forme, couleur, essence et substance à ce que vous désirez. Vous pouvez dépasser toutes les situations défavorables, résoudre tous les problèmes et maîtriser toutes les conditions qui se dressent entre vous et la réalisation de votre idée. Vous pouvez avoir tout ce que vous voulez - tout ce que votre cœur désire. Vous pouvez transformer vos idées en argent. Essayez-le.

Comment Améliorer Votre Voix, Votre Discours et Vos Manières ?

Son père secoue la tête. Il se demandait ce qu'il adviendrait de son fils, qui était non seulement frêle et délicat, mais qui bégayait si mal qu'on ne comprenait presque rien à ce qu'il disait. Ce garçon était Démosthène. Il est devenu l'un des hommes les plus renommés d'Athènes, et le plus grand orateur du monde antique. Comment y est-il parvenu ? Il a mis en œuvre les principes de la culture de la parole et de la voix, et a réservé quelques minutes chaque jour pour les pratiquer. « C'est en forgeant qu'on devient forgeron. » Cela a fonctionné il y a deux mille ans, cela fonctionne aujourd'hui.

Tout le monde ne peut pas devenir un Démosthène, mais tout le monde peut améliorer son art de parler. Cela peut être accompli par l'intérêt, l'attention consciente, la patience, l'application et quelques minutes de pratique par jour. Nous passons une grande partie de notre temps à parler et nous consacrons probablement moins de temps et de réflexion à l'amélioration de l'élocution qu'à toute autre activité à laquelle nous participons.

La parole a été définie comme la faculté d'émettre des sons, ou des mots. C'est la faculté d'exprimer des pensées par des mots. C'est le pouvoir de parler. Bien parler, c'est essayer de parler correctement afin d'être compris. La parole est le moyen le plus rapide et le plus efficace de transmettre ses idées aux autres. C'est la méthode la plus rapide pour communiquer une idée. En prenant un peu de peine et en faisant preuve d'un peu d'attention, vous pouvez le faire plus efficacement. En contrôlant les petites choses, votre discours s'améliorera.

L'une des plus grandes leçons en matière d'amélioration de la parole peut être tirée de la simplicité de Lincoln. Interrogé, Lincoln a expliqué comment il avait acquis sa capacité à formuler les « choses » de manière à ce qu'elles soient facilement comprises.

« Je me souviens que, lorsque je n'étais qu'un enfant, je m'énervais lorsque quelqu'un me parlait d'une manière que je ne pouvais pas comprendre. Je ne pense pas m'être jamais mis en colère pour autre chose dans ma vie. Mais cela a toujours perturbé mon tempérament et l'a toujours fait depuis. Je me souviens être allé dans ma petite chambre après avoir entendu les voisins parler pendant une soirée avec mon père, et avoir passé une bonne partie de la nuit à marcher de long en large, et à essayer de comprendre la signification exacte de certaines de leurs "sombres paroles", selon moi. Je n'étais pas satisfait avant d'avoir répété ces paroles encore et encore, jusqu'à ce que je les aie exprimées dans un langage assez clair, selon moi, pour que n'importe qui puisse les comprendre. C'était une sorte de passion pour moi, et elle m'est restée, car je ne suis jamais tranquille maintenant, lorsque je traite une pensée, tant que je ne l'ai pas délimitée au nord, et au sud, et à l'est, et à l'ouest. »

Pour être compris, il est nécessaire de parler clairement.

Il y a trois raisons précises pour lesquelles on devrait s'efforcer de parler correctement. A savoir :

(1) Les gens ne vous jugent jamais sur ce que vous ne dites pas. Ils vous jugent par ce que vous dites, et si vous le faites bien, cela influencera les gens à avoir confiance en vous. Prenez donc l'habitude de prononcer chaque mot correctement, et de parler avec soin et dignité.

(2) La parole est le seul moyen de se faire comprendre. En ne prononçant pas correctement vos mots et en ne parlant pas avec le soin nécessaire, votre interlocuteur peut tirer un sens erroné de ce que vous dites.

(3) La prononciation correcte de chaque mot, en énonçant chaque syllabe, améliorera non seulement votre élocution, mais vous permettra également d'épeler correctement plus facilement.

La parole, la voix et les manières sont des éléments fondamentaux de notre vie. L'usage que l'on en fait reflète la façon dont on vit. L'étude de l'élocution, de la voix et des manières développe l'aisance sociale et une personnalité plus désirable et agréable.

Les trois attributs personnels du caractère énumérés sont tous dépendants les uns des autres dans une large mesure. L'amélioration et le développement de l'un d'entre eux entraînent l'amélioration et le développement de tous.

Pour comprendre la production de la voix, il est essentiel de connaître la fonction de chaque organe par lequel elle est produite. Les organes qui produisent la parole sont (1) les poumons et le diaphragme, qui sont les puissances qui déplacent le souffle, la substance dont est faite la voix ; (2) le larynx avec les cordes vocales, qui sont les puissances qui produisent la voix et (3) la bouche, qui comprend la langue, le palais, les lèvres et les chambres de résonance, qui sont les organes qui amplifient la voix et la transforment en parole.

La respiration profonde est essentielle à la parole. La qualité et la fermeté de la voix pour produire la hauteur, le ton et l'inflexion peuvent être régulées et contrôlées par une respiration profonde et consciente. Debout, inspirez une grande quantité d'air. Cela fait descendre le diaphragme. Maintenant, rentrez lentement et doucement l'abdomen. Le diaphragme se contracte maintenant. Cela force l'air à passer par le larynx. L'air qui passe dans le larynx crée des vibrations. La vitesse à laquelle l'air passe à travers les cordes vocales du larynx détermine le son de la voix. Ce son passe dans la bouche où la parole est formée. La respiration profonde et consciente aide à contrôler le rythme de la respiration et permet de prononcer de longues phrases réfléchies en un seul souffle. C'est le secret d'une bonne voix ferme. Pratiquez-la.

Peu importe la nature de votre discours, vous pouvez l'améliorer en utilisant votre voix quelques minutes par jour. Lisez quelques pages à haute voix chaque jour. Obtenez une liste des états et de leurs capitales - seulement quatre-vingt-seize noms. Prononcez le nom de chaque état et de chaque capitale à haute voix, et énoncez chaque mot, chaque syllabe de façon claire et distincte. Faites cet exercice trois fois par semaine. Il ne prend que trois à quatre minutes.

Pour améliorer le son, le volume et la résonance de la voix, dites la table de multiplication à haute voix. Cela ne prend que quatre minutes environ. Faites-le trois fois par semaine.

Tous les mots sont formés à partir de lettres. Les lettres sonores sont les voyelles. En anglais, les voyelles écrites sont a, e, i, o, u et parfois w et y. Toutes les autres sont des consonnes.

Pratiquez l'alphabet à haute voix, en donnant à chaque lettre l'utilisation complète des poumons et du diaphragme, et notez les différentes formations de la bouche lorsque vous dites chaque lettre à haute voix. Vous remarquerez que toutes les voyelles semblent sortir de la trachée. Dire l'alphabet prend moins d'une minute. Faites cet exercice six fois par semaine.

Placez-vous devant le miroir et voyez si vous ouvrez suffisamment la bouche lorsque vous parlez. En vous observant parler à voix haute, vous apprendrez à ne pas traîner sur vos mots. Cela vous apprendra à ne pas les traîner en longueur.

A titre d'exemple de prononciation de mots, prenez les mots « Caroline du Nord. » Pour prononcer correctement le nom de cet État, vous devez dire North Car-o-lina. Vous pouvez l'épeler en disant North-K-lina. La prononciation d'un mot est beaucoup plus facile pour le locuteur, mais elle est parfois pénible pour l'auditeur. Il ne peut pas comprendre ce qui est dit.

Efforcez-vous à tout moment de prononcer chaque mot clairement, d'énoncer chaque syllabe avec clarté et d'articuler pleinement chaque lettre. Utilisez le diaphragme, pas la gorge. Faites particulièrement attention à la hauteur, à l'inflexion, au ton et au volume. Prenez l'habitude de parler distinctement, clairement et agréablement. Faites en sorte que les gens comprennent facilement ce dont vous parlez. La capacité d'exprimer vos idées est un bon moyen de les transformer en argent. La clarté du discours est très importante. Cultivez l'habitude de la perfectionner.

Une autre suggestion qui peut s'avérer profitable à cultiver est l'habitude de ne pas se presser. Vous avez tout votre temps. Il est essentiel pour une diction claire et distincte de parler sans se presser. Parlez lentement et délibérément. Sachez ce que vous allez dire. En connaissant parfaitement votre texte et en le prononçant de manière détendue, vous découvrirez que ce que vous dites est plus persuasif, plus efficace et plus convaincant. Lorsque vous parlez calmement et distinctement, il n'est pas nécessaire de répéter, ce qui fait gagner du temps à votre interlocuteur et peut vous mettre dans l'embarras.

En parlant à un rythme ordinaire, une personne prononce en moyenne trois cent cinquante mots en trois minutes. Par conséquent, prenez votre temps et parlez de manière décidée et avec force. Parler clairement et distinctement vous évite de parler trop vite. Votre voix est portée plus clairement lorsque vous vous adressez directement à la personne à laquelle vous vous adressez. Si vous changez cette direction ou élargissez cette distance, le son qui devrait atteindre l'auditeur s'égarera ailleurs au lieu d'aller dans l'oreille de l'auditeur. Lorsque vous faites cela, il n'est pas nécessaire de crier ou de parler fort. Parlez clairement, distinctement et directement à votre interlocuteur.

Une autre suggestion à suivre est de vous entraîner à parler sur le ton de la conversation. Respirez régulièrement et observez des pauses appropriées à intervalles réguliers. N'essayez pas de mener une conversation complète en une seule respiration. Exercices à suivre :

(1) Lisez à haute voix quelques pages chaque jour. Au moins trois minutes.

(2) Dites les états et les capitales à haute voix au moins trois fois par semaine. Cela prend environ trois minutes.

(3) Passez en revue la table de multiplication à haute voix au moins trois fois par semaine. Cela prend environ quatre minutes.

(4) Dites l'alphabet à haute voix tous les jours. Cela prend environ une minute.

(5) Tenez-vous devant le miroir et prononcez des mots à haute voix pendant au moins deux minutes, trois fois par semaine.

La mise en pratique de ces exercices ne vous prendra que cinquante-cinq minutes par semaine, soit moins de huit minutes par jour. Pratiquez ces exercices pendant un mois et vous constaterez une nette amélioration. Les gens feront attention à ce que vous dites.

Ces exercices vous aideront également.

(1) Pratiquez la respiration contrôlée pendant la lecture à haute voix.

(2) Ouvrez la bouche et laissez votre mâchoire se détendre lorsque vous parlez.

(3) Articulez les sons, les voyelles et les consonnes de façon claire et distincte avec votre langue, vos dents et votre palais.

(4) Prononcez chaque syllabe de chaque mot.

(5) Évitez d'accoler vos mots. Vous terminez chaque mot en articulant clairement la dernière lettre.

(6) Gardez toutes les voyelles, les sons, ouverts, pleins et arrondis.

Les manières sont la façon dont vous apparaissez aux autres. C'est cette qualité intangible du caractère qui vous rend intéressant pour les autres. C'est la manière dont vous entretenez vos relations avec les autres. C'est un sentiment intérieur d'être heureux. Vous savez ce qui vous fait plaisir quand quelqu'un vous parle. Ce sont ces petites choses agréables - c'est la courtoisie, l'appréciation, la gentillesse et la prévenance. Ce sont ces petites choses qui font plaisir et mettent les autres dans une humeur réceptive pour écouter ce que vous avez à dire. Ce sont ces petites choses qui font toute la différence. Ce sont elles qui vous aident à transformer votre capacité en argent.

Un autre grand atout pour enrichir et purifier votre façon de parler est d'apprendre à sourire en parlant. Votre discours intercepté par un vrai sourire en dit long à votre interlocuteur. Il lui dit que vous l'appréciez, que vous voulez lui faire plaisir, que vous voulez coopérer et que vous êtes prêt à servir et à faire de votre mieux à tout moment. Les gens peuvent sentir votre sourire et cela les encourage à croire en vous. Un sourire dans votre voix déverrouille la porte et vous laisse entrer. Il crée des amitiés et ouvre grand les portes des relations professionnelles et sociales.

Tout le monde réagit à un sourire amical, alors pratiquez-le dans votre discours.

Le fait d'être absolument naturel dans votre façon de parler vous distingue plus que toutes les autres vertus. Les gens sont humains et aiment être traités en conséquence. Les gens sont comme des abeilles, si vous les traitez correctement, ils rempliront votre rayon de miel. Si vous ne les traitez pas correctement, elles vous piqueront.

Un homme a dit : « Il observe les autres et leurs actes et comportements lui apprennent ce qu'il faut faire, et ce qu'il ne faut pas faire. »

Ne vous imaginez pas que vous êtes trop vieux pour améliorer votre discours, votre voix et vos manières. Tout ce que vous possédez comme caractéristiques personnelles peut toujours être amélioré. Adoptez un point de vue objectif. Étudiez votre attitude et votre comportement.

Expérimentez, observez, puis éliminez toutes ces petites habitudes qui éloignent les gens de vous. Cultivez ces habitudes qui construisent et cimentent les amitiés.

Il faut de l'énergie pour mettre en pratique les principes exposés dans ce chapitre. Lisez « Comment doubler votre énergie » et vous réaliserez à quel point la parole, la voix et les manières sont étroitement liées à l'énergie. Ce chapitre vous aidera également à vous détendre, ce qui signifie liberté et facilité d'expression.

Les murs et les barrières de résistance dans les relations avec les autres sont construits par des pensées tendues et des sentiments rigides. Détendez-vous et éliminez-les. En tout temps, cultivez l'habitude de ne parler que lorsque vous êtes en état de relaxation. Cela rend ce que vous dites épais, cela établit la compréhension, et un esprit de confiance prévaut. Vous parlez avec liberté et sincérité et ce que vous dites impressionne. Il sonne avec autorité.

Il faut être deux pour faire une conversation. Essayez de cultiver l'habitude de devenir un bon auditeur. Encouragez votre interlocuteur à parler de lui et essayez de le faire se sentir important, et faites-le sincèrement. Prêtez strictement attention à ce qu'il dit. Essayez de ne pas l'interrompre au milieu d'une phrase. Lorsqu'il veut parler, donnez-lui la priorité. Donnez-lui toute la place. Il peut vous donner un indice sur une situation très précieuse qui pourrait se transformer en argent liquide. En écoutant ce qu'il dit, vous le complimentez. Vous lui faites plaisir. Louez son point de vue et approuvez-le chaleureusement. D'autre part, s'il dit quelque chose que vous n'aimez pas, ne le lui dites pas. Soyez d'accord avec lui. Son opinion n'est peut- être que temporaire, mais respectez-la. Essayez d'être attentif à ses sentiments. Un mot gentil prononcé avec douceur est un moyen rapide de soulager les tensions. « Une réponse douce détourne la colère. » Répondez à toutes ses questions. Ne les ignorez pas. Il aime les explications, et non les exclamations. Évitez à tout prix de vous disputer, et si vous avez tort, admettez-le rapidement et avec grâce. Vous lui montrerez ainsi que vous êtes un bon camarade. Harmonisez mais ne vous disputez pas.

Vous pouvez postuler pour un poste, vous pouvez chercher un meilleur emploi, vous pouvez faire une suggestion pour améliorer les affaires, vous pouvez demander une augmentation de salaire, vous pouvez essayer de vendre un produit ou un service, mais quel que soit le but et l'objet, vous voulez influencer l'auditeur. Vous voulez qu'il vous obéisse, vous voulez qu'il fasse ce que vous cherchez. Alors, approchez-le avec un esprit d'humilité et de gentillesse. Soyez reconnaissant de l'occasion qui vous est donnée de le servir. Faites-lui sentir que toute idée que vous lui donnez est la sienne.

La puissance d'un grand barrage d'eau n'est disponible que lorsqu'elle est canalisée dans la bonne direction par l'équipement approprié. La parole, la voix et la manière sont les équipements qui vous permettent d'exprimer votre capacité et de la transformer en argent.

Les mots, comme la musique, lorsqu'ils sont harmonisés, transmettent non seulement un sens mais aussi un sentiment. Prononcés avec douceur et délicatesse, ils exercent une bonne influence et laissent une impression durable. Le bien, la joie qu'ils apporteront, personne ne peut le dire.

La courtoisie, l'amabilité, l'appréciation et la considération sont des atouts très précieux dans les relations avec les gens. Utilisez-les et rappelez-vous que votre discours, votre voix et vos manières sont vous. Ce sont les qualités essentielles de votre personnalité. Elles sont vous en action. Vous pouvez les rendre mécaniques sans intérêt personnel et avec peu d'effet. D'un autre côté, vous pouvez les rendre humains, pleins d'intérêts personnels et de charme. Vous pouvez exprimer des pensées et des idées qui persuaderont et motiveront.

Dramatisez votre discours, votre voix et vos manières avec imagination, enthousiasme et couleur.

Dramatisez votre discours, votre voix et vos manières avec imagination, enthousiasme et couleur.

Comment Utiliser Le Présent ?

Dans le monde d'aujourd'hui, il existe deux tendances de pensée bien définies. L'un est fondé sur la tradition orthodoxe, qui s'accroche à tout ce qui a été fait dans le passé. L'autre tendance est le libéralisme militant, qui cherche à contourner les traditions du passé et à établir un nouveau régime.

Entre les traditions orthodoxes et le libéralisme militant, il existe un terrain de chasse heureux. Ce terrain de chasse heureux est le monde dans lequel nous vivons. C'est un monde pratique composé de toutes sortes de personnes, comme vous et moi. Personne ne sait d'où nous venons, et personne ne sait où nous allons en sortant d'ici. Une chose est sûre, nous sommes ici et il nous appartient d'en faire pleinement usage maintenant.

Votre mission ici est de faire usage du bon sens et de la raison que Dieu vous a donnés. Vous avez la capacité d'analyser et de sonder tous les événements, les préceptes et les traditions du passé. C'est votre privilège d'y puiser toute connaissance ou sagesse qui vous aidera à interpréter et à comprendre le présent.

Dans le cadre de la préparation d'un livre intitulé Les sept grands événements de la démocratie, j'ai retracé la croissance et le développement de la démocratie sur trente-trois cents ans. L'un des événements que j'ai sélectionnés s'est produit au onzième siècle avant Jésus-Christ. Il s'agit d'un événement traditionnel et, depuis trois mille ans, la connaissance et la sagesse exprimées dans cet événement ont contribué à la quête de compréhension de l'homme. Il a été un phare pour guider et diriger l'homme de chaque génération successive sur le chemin de la droiture.

Tout au long des années, il a donné à l'homme la foi, l'espoir, la complaisance, le courage et la détermination. Grâce à sa puissance et à son influence, l'homme a pu vaincre la crainte, le doute et l'incertitude. Grâce à son inspiration, l'homme a pu labourer les sables mouvants du découragement, surmonter les bourbiers de la défaite et aller de l'avant pour se placer sur le rocher solide du progrès et de la bonne fortune.

Cet événement est le Vingt-troisième Psaume. Ces six versets expriment en cent dix-huit mots l'un des messages les plus revigorants et les plus inspirants jamais écrits. Il s'agit d'une affirmation positive exprimant une assurance absolue en Dieu, le berger omniscient, tout- puissant, omniprésent et pourvoyeur de tous les besoins physiques, et qui nous donne la santé, le bonheur et la paix de l'esprit pour profiter de toutes les ressources de la vie, y compris les ressources physiques, mentales et spirituelles. J'ai fait des préceptes exprimés dans ce psaume une partie de ma vie. Ils ont été une source de force et d'endurance. Je les crois et je les ressens. Je peux recommander chaleureusement le vingt-troisième psaume comme une formule pour vous aider à faire un usage judicieux du présent.

Verset par verset, c'est ce que le psaume signifie pour moi :

Le Seigneur est mon berger, je ne manquerai de rien.

Il s'agit d'une affirmation positive de la foi en Dieu en tant qu'être suprême, intelligence suprême, souverain suprême et aussi puissance et esprit omniscient, omniscient, aimant, omniprésent, pourvoyeur et omniprésent qui me guide et me dirige dans toutes mes activités. De même que le berger guide, dirige et prend soin de ses brebis avec amour, de même je compte sur l'amour, l'intelligence, la sagesse, la grâce et la puissance de Dieu pour me guider, me diriger et prendre soin de moi. Si je vis, je me déplace et j'ai mon être en Dieu, alors ce n'est que du bon sens de ma part de reconnaître Son Intelligence, de réaliser Sa Présence et de démontrer Sa Puissance dans mes activités. Le sentiment de cette relation établit l'unité et l'harmonie dans tous mes contacts et me procure une abondance complète de toutes les choses dont j'ai besoin, tant physiques que spirituelles. Ainsi, je ne manquerai de rien, car Dieu pourvoit à tous mes besoins. Lorsque je me promène à la campagne par une nuit froide et claire, et que j'observe le ciel grouillant d'étoiles scintillantes, un aperçu de l'univers avec sa magnitude infinie défile devant moi. Je me dis que si Dieu peut prendre soin de tous ces mondes sans fin, il peut sûrement prendre soin de la petite Earl. Jusqu'à présent, il n'a pas échoué. Gloire à sa grandeur.

Il me fait reposer dans de verts pâturages, il me conduit près des eaux tranquilles.

Il s'agit d'une déclaration de fait positive. Il exprime la croissance, la division, l'expansion, les quantités illimitées et les réserves inépuisables. Le vert indique une croissance continue, et cela signifie que Dieu continuera à réapprovisionner la terre pour prendre soin de tout ce qu'Il crée. La seule chose qui manque est l'homme et cela est dû en grande partie à son propre manque de compréhension.

Les pâturages suggèrent des champs grands ouverts avec une liberté d'action. En tant qu'individu, je peux errer et profiter de ces verts pâturages et profiter de leur générosité, et si je fais ces choses avec le bon esprit, des centaines de personnes m'aideront. Sentir que je suis au milieu de ressources inépuisables me donne un sentiment de sécurité.

« Il me conduit près des eaux tranquilles. »

Cette déclaration ne dit pas demain, mais elle dit maintenant. Être conscient des verts pâturages et d'un monde débordant de tout ce dont j'ai besoin détruit l'inquiétude, l'anxiété et la crainte. Ce sentiment de sécurité me met en contact avec les eaux tranquilles, ce qui engendre l'harmonie, l'unité et la paix de l'esprit.

Il restaure mon âme, il me conduit dans les sentiers de la justice à cause de son nom.

Une montre a le même fonctionnement, qu'elle soit en marche ou à l'arrêt. Elle a besoin d'être remontée de temps en temps. Un homme est comme une montre, il a besoin d'être remonté. La seule façon de remonter un homme est de donner à son esprit quelque chose dont il peut se nourrir. Son esprit doit être restauré.

Dans ma propre expérience, lorsque la confusion, le conflit et la discorde usurpent ma réserve et que je me sens épuisé, je me tourne vers ce Psaume dont je parle maintenant et je m'efforce de sentir son plein contenu se déverser dans ma conscience. Alors, comme un éclair, la lumière rayonnante du Berger omniprésent renouvelle, revitalise et restaure tout mon être avec vie et puissance, et avec la pleine assurance que tout est parfait.

bien. Encore une fois, je suis prêt à recommencer. Je suis révélé à mon véritable moi. Ainsi, je peux chanter avec joie : « Il restaure mon âme. »

« Il me conduit dans les sentiers de la justice à cause de son nom. »

De tous les mots de la langue anglaise, celui qui m'aide le plus dans les sentiers de la justice est la sagesse. La sagesse m'apprend à faire un usage judicieux de toute chose. Dans la vie, j'ai affaire à trois choses principales. Ce sont les personnes, les mots et les choses. La sagesse m'apprend à aimer et à respecter les gens. Elle m'apprend à utiliser le genre de mots qui incitent les gens à agir. Elle m'incite à faire bon usage des choses qui construisent et conservent. Tout réagit à un bon traitement.

En utilisant la sagesse, je me trouve sur les chemins du bon usage pour l'amour de son nom. Dans le Psaume trente-sept, je trouve ces mots : « J'ai été jeune, et maintenant je suis vieux ; et je n'ai pas vu le juste abandonné, ni sa postérité mendiant son pain. »

Quand je marche dans la vallée de l'ombre de la mort, je ne crains aucun mal, car tu es avec moi ; ta houlette et ton bâton me rassurent.

Quelle que soit la situation, elle aurait pu être pire. Les ennuis ne sont qu'une ombre temporaire. Ils sont un rayon de soleil habillé de noir. Pénètre le noir et il y a de la lumière.

La peur a quatre lettres. Trois de ces lettres forment « oreille. » Par conséquent, les trois quarts du mot sont des oreilles. Elle est largement basée sur des rumeurs. Elle est le produit de la superstition. C'est l'ignorance de Dieu, le manque de bien, et l'absence d'amour.

Qu'est-ce que le mal ? Retournez le mot et il s'écrit « vivre. » Vivre signifie la vie. Dieu est la vie. Si je vis en harmonie avec Dieu, le principe du bien, le mal n'a aucune influence.

Quand j'analyse le mal, je constate qu'il n'est qu'un signal de danger. C'est un drapeau rouge qui prévient d'un danger imminent. Il signifie « Attention à la marche. » À titre d'exemple, un mécanicien sur une locomotive qui ignore le signal d'un drapeau rouge peut être confronté à un danger imminent. Par conséquent, lorsque le mal apparaît au milieu de moi, je sais qu'il est temps de m'arrêter, de regarder, de réfléchir et de rectifier le tir.

« Ta houlette et ton bâton me rassurent. »

La baguette signifie l'autorité et le bâton indique le pouvoir de diriger. L'une des pensées les plus réconfortantes est de réaliser et d'être conscient du fait que je suis sur cette terre par l'autorité d'un Être suprême, et de savoir que cet Être suprême est toujours disponible pour me diriger. Une autre pensée réconfortante est de réaliser que Dieu est une Cause parfaite. L'homme est l'effet et l'effet ne peut jamais être différent de la Cause. Aucun mal ou préjudice ne peut toucher Dieu, la Cause. Par conséquent, il ne peut pas nuire ou toucher l'homme, l'effet.

L'homme peut à tout moment être rassuré et fortifié en s'appuyant sur le pouvoir de soutien d'une Cause parfaite. Lorsque le joug est contraignant et que le fardeau est lourd, je me console. Ta houlette et ton bâton me réconfortent.

Tu dresses devant moi une table en présence de mes ennemis, tu oins d'huile ma tête, ma coupe déborde.

Qui sont mes ennemis ? La pensée négative est mon pire ennemi et mon plus méchant adversaire. La plupart des ennemis de l'homme sont des créations de l'imagination, des fantômes de rêves et des fantômes de discorde. Comme le disait le vieil homme, il avait beaucoup d'ennemis, mais il ne pouvait jamais les trouver. Lloyd George a si bien dit : « Affrontez la moitié de vos ennemis et ils disparaîtront, puis affrontez l'autre moitié et ils disparaîtront. » Sous la direction du Grand Berger, je peux me régaler de pensées positives en présence d'ennemis négatifs avec une assurance absolue de protection et de sécurité.

Versez de l'huile sur une mer déchaînée et elle calme l'eau. Remplissez votre conscience de pensées positives de bien, et les pensées turbulentes de discorde, d'effroi et de désunion feront place à l'équilibre, la tranquillité et le calme.

L'ingratitude, l'arrogance, la dissipation, l'impudence, la cupidité et l'égoïsme sont des faiblesses humaines, et pourtant, sous toutes ces formes, se cache dans la conscience humaine la coupe d'amour de Dieu qui déborde de toutes les bonnes choses de la vie. Cette coupe contient le dénominateur commun à tous les hommes. Ce dénominateur est l'Amour ou un sentiment de bonté qui se manifeste toujours à l'heure du besoin. Prenons un exemple : Des milliers de personnes passent au coin d'une rue animée, toutes dans l'intention de se rendre quelque part, sans intérêt apparent les unes pour les autres, et pourtant, qu'un membre de ce groupe ait un accident, et un millier de mains amicales sont là pour offrir leur aide.

La bonté et la miséricorde me suivront tous les jours de ma vie, et j'habiterai dans la maison de l'Éternel pour toujours.

Quand je sais que je suis entre de bonnes mains, qu'est-ce qui peut me suivre sinon le bien ? Je ne m'inquiète pas et ne me préoccupe pas de l'autre monde. Ma devise est de profiter de celui dans lequel je suis maintenant. Pourquoi devrais-je gâcher la beauté, la majesté, la gloire et la bonté du monde actuel, en spéculant sur un monde que personne ne connaît ? Apprenez à profiter de celui-ci. S'il existe un autre monde pour moi, Dieu est là pour s'en occuper. Alors pourquoi s'inquiéter ?

Pratiquer la foi simple exprimée dans ce psaume m'admet dans ce que je pense être la maison du Seigneur. Cette maison est un état de conscience. C'est un état d'harmonie et d'unité. Il est tout- intelligent et la seule intelligence. Il est Tout-Puissant et le seul pouvoir. Il est Tout-Actif et la seule action. Il est Tout-Présent, et la seule présence. Lorsque je me sers de ces principes, la vie prend un nouveau sens. Je me débarrasse du vieil homme et je revêts le nouvel homme. Le seul moment où l'on peut vivre est celui où l'on vit.

« Qu'est-ce que le temps ? » demanda quelqu'un au Sphinx. « Le temps, c'est maintenant, » répondit le Sphinx. Personne n'apprend rien de correct tant qu'il n'a pas appris à savoir que chaque jour est le meilleur jour. Aucune connaissance ne peut être d'une plus grande importance pour l'homme que de réaliser pleinement et d'apprécier le secret du Sphinx. « Le temps est dans le présent. » Se lamenter sur le passé et s'inquiéter de l'avenir prive beaucoup de gens de la possibilité de réussir et d'être heureux maintenant.

Lorsque Dieu a créé l'homme, il lui a donné des orteils. Les orteils sont le moyen par lequel l'homme peut s'agripper au sol. Gardez vos pieds sur le sol. Gardez vos activités centrées sur le présent. L'heure présente est la vôtre. Le passé est l'histoire. Il est au-delà du barrage. Il est parti pour toujours. Oubliez-le. L'avenir a des ailes. Il a toujours une longueur d'avance sur vous. Le présent a des orteils. Il est toujours là où vous êtes.

Le centre du passé, et le centre du futur, sont dans le présent. Le passé et le futur ne sont que des pensées dans le présent. On ne peut penser que dans le présent. Le présent possède le passé, et a une option sur le futur. Le futur ne fait que compléter les plans faits dans le présent. La meilleure façon de préparer l'avenir est d'utiliser pleinement le présent. Demain n'est que l'ombre d'aujourd'hui. Aujourd'hui est le demain dont vous vous êtes inquiété hier.

Un vieux proverbe chinois dit : « Seuls les grands se rendent vraiment compte que le vrai grand reste toujours un enfant. » Une leçon précieuse peut être tirée de l'observation de la manière simple dont un enfant agit. Un enfant ne rumine pas le passé et n'anticipe pas l'avenir. Il est si sérieusement engagé dans les activités présentes qu'il ne perd pas de temps à spéculer. Libéré du doute, de la crainte et des inhibitions dont les années qui passent semblent accabler les gens, l'enfant fait souvent preuve d'une perception plus claire et plus complète que les personnes plus âgées.

La capacité est le pouvoir d'agir, et le moment d'agir est maintenant. Elle ne peut agir que dans le présent. La capacité ne peut pas fonctionner librement lorsqu'elle est alourdie par des fantômes du passé ou des fantômes du futur. Pour fonctionner efficacement, elle doit fonctionner librement. L'une des conditions préalables indispensables à l'efficacité est la tranquillité d'esprit. La paix de l'esprit n'est pas une marchandise qui peut être achetée. Elle ne s'obtient pas en bouteilles, en cours du soir ou en prenant un ou deux comprimés avant chaque repas. Il s'agit d'une réalisation individuelle, qui doit être atteinte par la compréhension. La meilleure façon d'atteindre la paix de l'esprit est de bien comprendre ce qu'est la paix de l'esprit.

Qu'est-ce que la paix de l'esprit ? C'est l'harmonie et l'unité dans la pensée. L'esprit n'est pas statique. Il est dynamique. C'est un flux continu de conscience. Des pensées de toutes sortes traversent constamment l'esprit. Lorsque l'harmonie et l'unité règnent dans vos pensées, vous avez la paix de l'esprit.

Comment pouvez-vous établir et maintenir l'harmonie et l'unité de pensée ? La meilleure façon d'y parvenir est d'éliminer les conflits.

Le conflit qui perturbe l'harmonie et l'unité du flux de la pensée est précipité par une guerre civile. La bataille dans cette guerre civile se déroule entre les cinq sens et l'intelligence. La compréhension de cette bataille vous aidera à mettre fin à la guerre civile et à remporter une victoire sans précédent pour la paix de l'esprit.

Les cinq sens recueillent sans cesse des impressions. Ces impressions sont transmises à l'intelligence. L'intelligence, grâce au pouvoir de la raison, consolide ces impressions en pensées. Certaines de ces pensées veulent déclencher un conflit, mais ces pensées n'ont aucun pouvoir. Le site

Le jugement qui est l'arbitre final de la raison peut jouir de n'importe laquelle de ces pensées. D'autre part, il peut également déclarer n'importe laquelle de ces pensées nulle et non avenue, et en exerçant ce pouvoir, il peut désarmer toutes les pensées inharmonieuses à leur source.

Cela permet de gagner la bataille et de mettre fin à la guerre civile. Cet acte de votre part fait de l'intelligence le grand patron et de vous le maître. En appliquant ce principe, vous pouvez gérer et entraîner vos cinq sens et, au lieu d'en être l'esclave, vous pouvez les faire travailler pour vous. En tant que maître, vous pouvez établir et maintenir l'harmonie et l'unité dans le flux des pensées.

Vous pouvez vous asseoir et profiter de la paix de l'esprit.

Une autre chose à réaliser est que l'intelligence est l'Esprit et la Puissance de Dieu opérant en vous et à travers vous.

Rien ne peut nuire à Dieu et aucune pensée ne peut nuire à l'intelligence. Rappelez-vous que l'intelligence a le pouvoir de maîtriser toute pensée que les cinq sens peuvent capter.

Une autre aide pour vous aider à devenir le maître de la pensée est de vous fortifier de l'intérieur. Comme le dit Marc-Aurèle : "L'homme doit être arqué et étayé de l'intérieur, sinon le temple tombe en poussière". Le moyen de vous arc-bouter est de pratiquer et de démontrer votre puissance de raisonnement et de n'accepter comme compagnon qu'une foule de bonnes pensées.

Une autre aide consiste à s'évaluer correctement. Le respect et l'appréciation des autres commencent par soi-même. Ne vous dépréciez pas, conservez votre dignité et efforcez-vous de tirer le meilleur parti de vos capacités.

Un lapin ne se dégrade pas et ne va pas se plaindre parce qu'il n'est pas un faucon. Il devient un bon lapin et remplit sa place dans la vie. Ce que vous avez vous appartient et, si vous en faites usage, vous en aurez davantage.

Acceptez-vous tel que vous êtes, prenez le bon côté des choses. Après tout, vous ne rencontrez pas d'anges sur ce plan, et si c'était le cas, vous ne les reconnaîtriez probablement pas.

Ces quatre lignes sont toujours utiles :

Il y a tant de bon dans le pire d'entre nous, et tant de mauvais dans le meilleur d'entre nous,

Qu'il n'appartient à aucun d'entre nous de parler du reste d'entre nous.

Cela vous aidera également à être tolérant. Vous avez entendu parler de ce type qui s'est marié et qui a voulu façonner les idéaux de sa femme selon les siens. Eh bien, il ne l'a pas fait. La vie est un compromis et l'accepter dans ces conditions, c'est ajouter à votre propre tranquillité d'esprit.

Un homme a droit à son opinion et la tolérance consiste à respecter cette opinion sans y croire ou la partager. Le respect du point de vue de l'autre élargira toujours le vôtre.

Comme le disait Voltaire : « Je ne suis pas d'accord avec un mot que vous dites, mais je défendrai jusqu'à la mort votre droit de le dire. » La tolérance, c'est se débarrasser des préjugés et de la haine. C'est essayer d'établir une véritable relation entre les situations sur une base impersonnelle. C'est une bonne qualité à pratiquer et qui rapporte beaucoup.

Une autre aide à votre tranquillité d'esprit est de vous débarrasser de la vanité. Le monde était là quand vous êtes arrivé. Il sera encore là quand vous ne serez plus là. Vous ne pouvez pas le changer. Vous ne pouvez pas le réformer. En fait, vous ne pouvez rien changer, sauf votre attitude à son égard. Adaptez-vous au monde tel que vous le trouvez. Entrez dans votre métier avec un esprit de sportivité. Entraînez-vous à l'apprécier, et les choses viendront d'elles-mêmes.

Une autre façon de contribuer à votre tranquillité d'esprit est d'avoir un système. Il vous aide à planifier votre travail et à exécuter votre plan. Il vous apprend à faire les choses qui sont à portée de main plutôt que d'anticiper ou d'écarter les choses qui se trouvent dans un avenir lointain.

Victor Hugo a dit un jour : « Celui qui, chaque matin, planifie les opérations de la journée, et suit ce plan, porte un fil qui le guidera dans le labyrinthe de la vie la plus chargée. L'organisation ordonnée de son temps est comme un rayon de lumière qui s'élance à travers toutes ses occupations. Mais lorsqu'aucun plan n'est établi, lorsque la disposition du temps est abandonnée au seul hasard des incidents, le chaos règne bientôt. »

Les personnes qui font des choses dans la vie, qui vivent des vies fortes, vibrantes, joyeuses, heureuses et conquérantes, sont celles qui utilisent le présent. Bien sûr, ils font des erreurs, ils trébuchent, ils tombent, ils rencontrent des obstacles, des difficultés et des peines de cœur. Ils ne se disputent pas et ne râlent pas contre ces adversités. Ils les utilisent comme un tremplin vers de plus grandes réalisations.

La vie dit : Continuez. Finissez-en avec le passé. Laissez les morts enterrer les morts. C'était bien. C'était mauvais. C'était faible. C'était fort. Quand bien même, c'est fini. Et alors ?

Si vous avez bien agi, continuez. Si vous avez mal agi, commencez à bien agir. La réformation et la détermination vaincront le péché et les mauvaises habitudes.

Un éternel Maintenant règne dans la nature. Tout se conforme au présent et profite pleinement de sa générosité. Le soleil ne tarde jamais à briller, les étoiles ne manquent jamais de sortir la nuit. La rose fleurit dès qu'elle est prête à accomplir l'acte. Tous les animaux ne vivent que dans le présent.

Considérez les lys des champs, les oiseaux du ciel, les poissons de la mer - ils ne manquent jamais de ce dont ils ont besoin.

La meilleure façon d'utiliser pleinement le présent est d'allumer la chaleur de l'amour sur tous les chagrins intérieurs, toutes les jalousies secrètes, toutes les inhibitions silencieuses, tous les égoïsmes invétérés, toutes les rancunes aigres, toutes les envies amères, toutes les haines malignes et tous les souvenirs désagréables. L'amour apporte un sentiment de bonté, qui permet de vous détendre. Il vous libérera de tous les vieux squelettes du passé et vous aidera également à éviter les nouveaux fantômes du futur.

Exercez votre sens de l'humour. Entraînez-vous à rire. Ne prenez pas les choses ou les gens trop au sérieux et en aucun cas vous-même. Accueillez les irritations et elles perdent leur pouvoir. Si les gens sont incivils, n'y pensez pas. N'y pensez même pas. Riez-en. Après tout, ce n'est pas l'action de l'homme qui vous dérange, c'est la pensée et la considération que vous leur accordez. Résistez au diable et il vous rendra la vie chaude, soyez gentil avec lui et il disparaît. Gardez le sens de l'humour. Il vous détendra mentalement, ce qui signifie tranquillité d'esprit et efficacité.

La prière du Seigneur dit : « Donne-nous aujourd'hui notre pain quotidien. » C'est une déclaration positive, une prière positive pour le présent. Elle met en pratique les principes exposés dans ce chapitre.

Le présent, le présent est tout ce que tu as, pour ta possession sûre, comme l'ange du patriarche, tiens-le bien, jusqu'à ce qu'il donne sa bénédiction.

Le présent déborde de lait et de miel. Il regorge de nouvelles idées, de nouveaux espoirs, de nouvelles aventures et de nouvelles opportunités. Ne laissez rien se mettre entre vous et ces bénédictions. Prenez-en part, utilisez-les et profitez-en.

« Réjouissez-vous et soyez dans l'allégresse, car votre récompense sera grande dans les cieux. » C'est l'une des grandes admonitions enseignées par Jésus dans « Le sermon sur la montagne. » Mettez en pratique ce précepte et grande sera votre récompense ici même. Il vous animera. Il vous libérera de toute contrainte. Il vous libérera de toute anxiété, de tout souci et de toute crainte. Vous serez un homme libre dans un monde libre. Vous saurez que le bon vieux temps est ici et maintenant. Le paradis est là... et vous ?

Comment Faire Un Discours ?

En matière d'argent, soit vous donnez des intérêts pour obtenir des dollars, soit vous donnez des dollars pour obtenir des intérêts. Dans les deux cas, c'est du donnant-donnant. Le même principe s'applique à ceux qui parlent en public. C'est réciproque. Pour susciter l'intérêt d'un public, il est nécessaire de lui donner quelque chose en échange de son intérêt.

Presque tout le monde est appelé à l'occasion à prononcer quelques mots en public, à donner son avis, ses pensées et ses idées sur différents sujets. Nous trouvons nécessaire de faire un discours.

Je parle en public depuis que j'ai crié : « Le garçon se tenait sur le pont en feu. » C'était il y a plus de quarante ans. Au cours de cette période, j'ai prononcé de nombreux discours couvrant une grande variété de sujets. J'ai lu de nombreux discours prononcés par d'autres personnes. J'ai écouté de nombreux discours prononcés à la tribune et à la radio. Je me suis concentré sur ces discours, en prenant particulièrement note de leur technique, de leur qualité et de leur style.

Grâce à mon expérience, à mes observations et à l'analyse des discours des autres, j'ai acquis des connaissances pratiques sur le sujet. Je vous transmets ces informations. Les principes sélectionnés ont été utilisés par d'autres personnes de manière très efficace et persuasive. Je pense qu'ils vous seront utiles.

Faire un discours est l'un des arts les plus anciens de l'homme, et l'un des moyens les plus rapides et les plus efficaces de transmettre des idées à ses auditeurs. Les types de discours les plus élevés n'exigent pas seulement de l'aisance dans la parole, de la grâce, des gestes et une maîtrise courante de la langue ; mais ces réalisations doivent s'appuyer sur des pouvoirs de pensée supérieurs, un enchaînement logique dans le raisonnement, la rapidité et la brillance de la conception, la maîtrise de la rhétorique ; et aussi ce qu'on appelle le magnétisme personnel, c'est- à-dire la capacité d'influencer les sentiments des auditeurs en exprimant chaleureusement ce qu'ils pensent. Les idées doivent être formulées dans des mots qui transmettent le sens réel de la pensée.

La façon la plus scientifique de développer votre capacité à parler devant un public est de suivre certains principes précis que d'autres orateurs à succès ont trouvé efficaces. Essayez de vous procurer un livre contenant des conférences ou des discours célèbres. Mémorisez et récitez les paragraphes d'ouverture, les points culminants et les fins des grandes oraisons jusqu'à ce qu'ils vous soient parfaitement familiers. De nombreuses phrases, expressions et mots peuvent être utilisés de nombreuses fois si vous les mélangez et les parfumez avec originalité. Ils augmentent votre capacité à parler couramment et donnent au discours une certaine qualité qui fait impression. Démosthène, ainsi que tous les autres orateurs célèbres grecs, romains et américains ont suivi cette pratique. Démosthène avait un livre contenant une cinquantaine de péroraisons, de points culminants, de débuts, de fins, d'anecdotes, d'illustrations et de paragraphes types qu'il utilisait de manière répétée, même dans ses plus grandes oraisons. Il apportait les variations nécessaires pour s'adapter à l'occasion.

Le Scrap Book d'Elbert Hubbard contient des éléments utiles qui peuvent être appliqués à tout discours. The Home Book of Quotations, de Stevenson, fournit une citation appropriée qui peut être incorporée dans n'importe quel discours. Pour faire passer un message, une citation pertinente n'a pas de substitut. Elle rend vos auditeurs s'assoient et vous remarquent. Lisez The World's Greatest Orators and Their Best Orations de Morris. Chaque homme a l'occasion de montrer ce qu'il sait faire, et le moment de se préparer est celui où personne ne regarde. C'est un avantage pour tout le monde de parler distinctement, avec précision, avec grâce et avec un feu authentique. Cela élargit votre personnalité, enrichit votre caractère et vous aidera à transformer votre capacité en argent.

Il y a trois corps dans un discours.

L'introduction. Une courte histoire, une brève anecdote ou une expérience personnelle sont les plus efficaces pour introduire un discours sur n'importe quel sujet. Une phrase exprimant une analogie inhabituelle est également appropriée. L'histoire ou l'expérience doivent être courtes et précises.

Le corps. Le corps principal d'un discours doit présenter le contexte complet du sujet, en consolidant tous les détails en un tout composite.

La conclusion. Il est plus convaincant de résumer les raisons et les avantages du corps principal à la fin. Utilisez des phrases courtes, faites-les vives et piquantes. Si possible, récitez une brève citation pour amplifier votre propre pensée. Ne terminez jamais un discours par une histoire drôle. "Un public qui rit a la mémoire courte".

Un discours est plus efficace et plus apprécié lorsqu'il est préparé. Suivez un modèle. Organisez vos points dans un ordre logique. L'introduction et la conclusion sont très simples. Le corps principal d'un discours, pour persuader et convaincre, doit être planifié selon les principes suivants.

1. ORGANISER SES PENSÉES

Un discours, pour être efficace, doit être direct et aller droit au but. Pour préparer un discours, prenez une feuille de papier et notez toutes les pensées et idées qui vous viennent à l'esprit sur le sujet.

Une pensée en suggère une autre. Lisez tout le matériel corrélatif sur lequel vous pouvez mettre la main, et prenez note de chaque pensée qui ajoutera de la lumière au sujet. Analysez et examinez ce matériel, obtenez tous les faits et trouvez tout ce qui est possible sur le sujet. Obtenez l'histoire, le contexte, la relation économique et le rôle que le sujet joue dans la vie du public.

Méditez et réfléchissez, et par le processus d'élimination, sélectionnez les pensées qui vous semblent les plus appropriées. Analysez ces pensées, organisez-les, prenez les meilleures parties d'entre elles, disposez-les en séquence et traduisez-les dans l'intérêt de votre public.

Le corps d'un discours est une connaissance organisée pour dépeindre des idées et transmettre des pensées. Chaque mot, chaque pensée et chaque phrase doit avoir sa place. Le fait de suivre un modèle dans l'organisation scientifique de vos données vous permet de savoir exactement ce que vous voulez dire. Vous ne marmonnez pas, vous ne divaguez pas et vous ne trébuchez pas. Vous parlez, avec un ordre et votre public prête une attention stricte à chaque mot.

Connaître son sujet et l'énumérer dans un ordre logique inspire la confiance en soi et un air assuré. Au lieu de vous arrêter et d'hésiter, vous devenez dynamique, audacieux et courageux. Votre message fait tilt et devient une force vive pour le bien.

2. INCORPORER BEAUCOUP DE CONSISTENCE DANS LE DISCOURS

La plupart des discours sont comme une roue de wagon, « plus les rayons sont longs, plus le pneu est grand. » De nombreux « Oh—hum » et de nombreux publics ennuyés peuvent être éliminés par une préparation minutieuse. Quel que soit le type de discours ou l'occasion, le public est composé de personnes. Les gens ont les mêmes goûts et les mêmes dégoûts. Vous aimez un discours plein d'intérêt humain, les autres aussi. L'intérêt humain est fondamental. Ce qui plaît à un groupe plaît à un autre. Les gens sont principalement intéressés par les mêmes choses. Par conséquent, un discours, pour être efficace, doit intégrer ce que les gens aiment.

L'intérêt humain fait toujours appel. Les expériences personnelles, les courtes anecdotes et les petites histoires de réussite donnent de la couleur et de la saveur. Placés au bon moment, ils persuadent et convainquent plus rapidement que les discours les plus éloquents ou les arguments les plus élaborés.

En parlant d'intérêt, ceci va vous intéresser.

Il y a quelques années, Henry Ward Beecher, l'un des plus grands prédicateurs et conférenciers de son époque, a été invité à donner une conférence dans une ville de Virginie occidentale.

À l'époque, cette partie du pays était connue dans le milieu des conférenciers comme la « Vallée de la mort. » La plupart des conférenciers se fanaient face à un public plutôt indifférent.

C'est par un jour très étouffant de juillet que Beecher arrive dans cette ville pour donner une conférence. Beecher avait été prévenu. Il savait à quoi s'attendre. Beecher était un génie pour susciter l'intérêt d'un public. L'après-midi, lorsqu'il est présenté, la moitié de l'auditoire baille et l'autre moitié somnole. Beecher se leva vivement de sa chaise et, s'épongeant le front avec son grand mouchoir rouge, se dirigea en toute hâte vers le devant de l'estrade. « C'est une journée vraiment trop chaude, » dit le prédicateur. Tous les membres de l'auditoire sont électrisés et, pendant un instant, on a l'impression qu'un éclair a frappé le bâtiment. Beecher fait une pause. Il lève un doigt de reproche solennel et continue : « C'est ce que j'ai entendu un homme dire ici cet après-midi. » A partir de ce moment, un millier de regards étaient fixés sur Beecher. Tous les membres de l'auditoire étaient impatients de l'entendre. Il a suscité leur intérêt et son message est passé avec fracas.

Il y a quelques années, j'ai été invité à faire un discours. J'ai choisi comme sujet « Le tabouret à trois pattes, » une dissertation sur les relations entre le capital, le travail et le public. Des toasts à des personnages douteux et la dénonciation de la Constitution des États-Unis ont ouvert la réunion. Je ne savais pas qu'il s'agissait d'une réunion communiste.

Enfin, mon parrain m'a présenté. Je me suis exprimé brièvement comme suit : « Certaines personnes ici dénoncent la Constitution des États-Unis. Celle-ci est la loi du pays et garantit les droits civils de chacun. Cette loi vous permet de vous réunir ici en assemblée pacifique, et de dénoncer c'est de dénoncer sa propre sécurité. » À ce moment-là, quelqu'un a crié : « Allez au diable. » Je n'y ai pas prêté attention. En expliquant « Le tabouret à trois pattes, » j'ai fait remarquer que le Capital représentait une patte, le Travail une patte et le Public une patte. Ces trois jambes forment le tabouret et chaque jambe dépend de l'autre pour tenir debout, et les trois jambes doivent tenir ensemble, ou bien tomber ensemble. Une fois de plus, une voix dans le public a crié : « Allez en enfer. » Je n'y ai pas prêté attention. Au bout d'une minute environ, la même voix a crié : « Va en enfer. » J'ai fait une pause, j'ai souri et j'ai dit : « Mesdames et messieurs, au cours des cinq dernières minutes, j'ai été invité trois fois à rejoindre le parti communiste. » Le public s'est levé et m'a acclamé pendant au moins deux minutes. Chaque personne dans ce public était mon ami.

Mon ami Ralph W. Page, ce brillant chroniqueur de journaux, raconte une histoire très intéressante qui illustre de façon imagée comment susciter l'intérêt d'un public. Un groupe distingué s'est réuni à New York pour discuter de la « Forme de l'avenir. » Au cours des quatre séances, la pensée et les plans du monde libre ont été explorés, expliqués et clarifiés. Chaque groupe a eu son mot à dire. Un plan pour libérer les nations asservies a été ouvertement discuté. D'éminents représentants de tous les pays ont fait part de leurs opinions et ont exploré leur propre philosophie. La plupart des orateurs se contentent de platitudes. L'effet apparent était le bruit contre les murs. Le docteur B. A. Liu a parlé au nom de la Chine. Il a dit :

« La conception d'une paix juste et durable et d'un ordre mondial valable n'exige rien de nouveau. Tout ce que nous devons faire est de mettre le bon vieux vin dans de nouvelles bouteilles. » Lui qui a dit il y a plus de deux mille ans :

« Lorsque l'âge d'or prévaudra, le monde ne fera qu'un ; les dirigeants et les fonctionnaires seront élus selon leur sagesse et leurs capacités ; la confiance mutuelle et la paix régneront ; les personnes âgées pourront profiter de leur vieillesse et chaque jeune sera employé selon ses talents. Les veuves, les orphelins et les infirmes seront bien soignés. Chaque homme aura son métier et chaque femme son foyer. »

« Les biens de l'homme ne seront pas gaspillés, car il utilisera le surplus au profit d'autrui, et ceux qui ont plus d'énergie qu'il n'en faut ne seront pas obligés de limiter leur travail à leur propre profit. »

« 'Il n'y aura ni ruse ni intrigue, il n'y aura pas de bandits, et la porte extérieure ne sera pas fermée la nuit.' »

« Ceci, » dit le docteur Liu, « est le vieux vin. Il suffit de le verser dans les nouvelles bouteilles des conditions actuelles. Les principes sont tous là. »

Toutes les considérations matérielles relatives à une nouvelle organisation mondiale avaient été présentées par des experts. « Il est significatif, » dit Page, « que cette homélie d'un ancien prophète sur la justice, l'altruisme, la bonté et l'unité ait reçu la plus grande ovation et ait touché la seule corde universelle de ce public américain érudit. »

Cela prouve seulement que lorsque vous touchez la corde sensible de l'homme, vous suscitez son intérêt.

Pour obtenir de la viande et de l'intérêt, lisez la célèbre oraison de Démosthène, « Sur la couronne, » celle de Cicéron, « La trahison de Cataline, » celle de Périclès, « Les morts qui sont tombés pour Athènes. »

Dans l'acte III, scène 2, de Jules César de Shakespeare, on trouve l'oraison funèbre, habile et éloquente, sur le corps de César assassiné. Dans cette oraison, Marc Antoine est si persuasif qu'il soulève la fureur de la population contre Brutus le tueur et tous les autres conspirateurs qui ont causé la mort de César, et les oblige à fuir Rome.

Dans Matthieu, chapitre V, se trouve le « Sermon sur la montagne. » Dans ces Béatitudes, Jésus a donné au monde suffisamment d'intérêt et de viande pour durer éternellement.

Le discours de Paul défendant le christianisme devant le roi Agrippa, dans le vingt-sixième chapitre des Actes, est l'un des discours les plus saisissants jamais prononcés. Le plaidoyer de Paul était si convaincant que le roi Agrippa a dit : « Tu as failli me persuader d'être chrétien. »

L' « Appel aux armes, » de Patrick Henry, était le principal appel à la liberté américaine. « Interdisez-le, Dieu tout-puissant ! Je ne sais pas ce que les autres peuvent faire ; mais moi, donnez-moi la liberté ou donnez-moi la mort. » Ces deux phrases ont enflammé la conscience de tout patriote épris de liberté et ont poussé les colons à l'action.

À la fin de l'un des plus grands discours jamais prononcés au Sénat des États-Unis, les membres de ce corps se sont pressés autour de Daniel Webster, leur collègue, pour le féliciter de la « Réponse à Hayne, » mondialement connue, et de sa capacité magistrale à prononcer un discours extemporané. «

Ah, non, » dit-il, « ce n'est pas un discours extemporané. J'ai travaillé pendant des mois pour préparer ce discours et chaque cagibi de mon bureau est rempli à ras bord de notes et de coupures de presse. »

« Vous pouvez le faire extemporanément, car ce n'est rien d'autre qu'un rugissement. » Extemporané signifie sans étude ni préparation préalable. C'est s'efforcer de composer et de prononcer un discours sur l'impulsion du moment. Les discours extemporanés et les déclarations impromptues ne sont généralement que des rugissements, pleins de bruit et de fureur, ne signifiant rien. Ils incitent les gens à « ho hum, » à s'étirer, à bâiller et à somnoler, et à remarquer d'un air narquois : « Pourquoi parler de ça ? »

Tout le monde connaît le célèbre « discours de Gettysburg » de Lincoln, et celui-ci est également un bon texte à mettre dans votre « kit de discours. » « Que cette nation, sous Dieu, connaisse une nouvelle naissance de liberté, et que le gouvernement du peuple, par le peuple et pour le peuple ne périsse pas de la terre. » Ces lignes ont soudé l'Union et préservé la forme américaine de gouvernement.

« Des Hectares de Diamants, » du Dr Russell H. Conwell, a été la conférence la plus populaire jamais donnée aux États-Unis. Pourquoi ? Parce qu'elle débordait d'intérêt humain, inspirant les gens à mettre en pratique le principe d'autonomie.

Un autre grand discours de ces soixante dernières années était « La Croix d'or, » de William Jennings Bryan. C'était un plaidoyer passionné pour « l'argent libre. »

En 1915, à l'âge de 19 ans, j'ai reçu la médaille Andrew Carnegie pour avoir écrit et prononcé un discours sur la paix internationale. Mon sujet était : « La guerre est-elle rationnelle ? » La première phrase était : « La guerre est aussi vieille que la race humaine, et aussi jeune que le dernier souffle que vous respirez. » Cette phrase a été citée dans les journaux du monde entier. Cette introduction a attiré l'attention des juges et a stimulé leur intérêt pour mon discours. Le corps principal de ce discours s'est efforcé de prouver que la guerre n'est pas rationnelle, par les propositions suivantes :

<u>Premièrement</u> : La guerre est un fardeau intolérable.

<u>Deuxièmement</u> : La guerre est une perte humaine irréparable.

<u>Troisièmement</u> : La guerre est une folie incurable.

En conclusion de ce discours, j'ai cité dix lignes de « Locksley Hall » de Tennyson, dans lesquelles il prophétise que les nations se feront la guerre dans les airs.

Car j'ai plongé dans le futur, aussi loin que l'œil humain puisse voir. J'ai vu la vision du monde, et toutes les merveilles qui seraient, j'ai vu les cieux remplis de commerce, d'argosies de voiles magiques, de pilotes du crépuscule pourpre, descendant avec des ballots coûteux,

J'ai entendu les cieux se remplir de cris, et il pleuvait une rosée épouvantable des marines aériennes des nations qui s'affrontaient dans l'azur central ; au loin, le murmure mondial du vent du sud qui soufflait chaud, avec les étendards des peuples qui plongeaient dans la tempête de tonnerre ; jusqu'à ce que le tambour de guerre ne résonne plus, et que les drapeaux de bataille soient déployés dans le Parlement des hommes, la Fédération du monde.

J'ai eu le plaisir de prendre la parole devant de nombreuses organisations au cours des dernières années, notamment pendant la guerre. Pour susciter l'intérêt, j'ai commencé à étudier « Le Grand Sceau » des États-Unis tel qu'il est représenté sur le dos vert d'un billet d'un dollar. Sur l'avers du sceau, qui se trouve à droite du billet de banque, et sur le revers du sceau, qui se trouve à gauche du billet de banque, se trouvent dix-sept symboles différents. Chaque symbole représente une tradition directement associée à la démocratie, notre forme de gouvernement américain. Ces symboles constituent l'introduction d'un discours. Le corps principal de ce discours est : « Les sept grands événements de la démocratie. » Ces événements couvrent trente et un siècles d'histoire et tendent à montrer que la démocratie, notre forme américaine de gouvernement, a été en gestation pendant tout ce temps.

Il faut une heure pour prononcer ce discours. Je n'utilise pas de notes. On peut entendre une mouche voler. Tout le monde est vivement intéressé, car ce discours exprime des pensées et des idées qui leur sont proches.

3. CHOISIR DES MOTS CLÉS

Les mots sont le principal ingrédient d'un discours, et ils déterminent la qualité du discours. Les mots définissent vos idées sur un sujet et les transmettent à vos auditeurs. Les mots clés sont très importants dans la préparation d'un discours. Ils sont les poutres d'acier qui maintiennent ensemble le contenu du sujet. Ils sont l'araignée dans la toile. Ils sont le moyeu de la roue autour de laquelle tourne l'ensemble du discours.

Pour gagner la médaille Andrew Carnegie, en concurrence avec de nombreux hommes représentant de nombreuses universités et collèges, j'ai réalisé qu'il était nécessaire de créer un discours de compréhension globale, mais simple. Après un processus de triage et de tamisage, j'ai sélectionné trois mots clés. (1) Intolérable. Intolérable quoi ? Un fardeau intolérable, un fardeau presque au-delà de la capacité humaine à le supporter. (2) Irréparable ! Irréparable quoi ? Une perte humaine irréparable, une perte qui ne peut être remplacée.

(3) Incurable ! Incurable quoi ? Folie incurable, une folie aussi vieille que la race humaine, et qui peut continuer. Ces trois mots clés étaient au centre de mon argumentation pour prouver que la guerre n'est pas rationnelle, et répond ainsi à la question de mon sujet, « La guerre est-elle rationnelle ? »

Les gens aiment un orateur qui les met dans la confidence. Ils aiment qu'on leur explique les termes. J'explique tout comme si je le disais à un petit enfant pour la première fois. Et ça marche. Dans la conférence sur « Les sept grands événements de la démocratie, » je définis la démocratie en donnant sa dérivation étymologique. J'épelle les deux mots grecs dont elle est dérivée. « Demos, » qui signifie « peuple. » « Kratos, » qui signifie « règle. » La démocratie signifie donc « le peuple gouverne. » Je définis « événement. » Je définis « république, » un autre mot clé du discours. République vient de deux mots latins, « res, » qui signifie « chose » et « publicus, » qui signifie « public » ou « ouvert. » La République signifie donc des choses faites au grand jour, ou pour le public. Chaque loi promulguée dans une République est instantanément accessible au public. Aucune loi ne peut être secrète. Elle est de notoriété publique. Par conséquent, une démocratie est la volonté du peuple, exprimée au grand jour par un système appelé forme républicaine de gouvernement, qui est un plan visant à faire respecter cette volonté. Lorsque l'on s'adresse à un public de cette manière, il est tout ouïe. Essayez-le.

Lors de la préparation d'un discours, sélectionnez quelques mots clés. Construisez votre discours autour de ces mots. Définissez les mots-clés et expliquez leur signification en détail. Utilisez des mots simples et courants. Parlez dans la langue de votre auditoire. Ayez les pieds sur terre. Parlez aux autres comme vous aimeriez que les autres vous parlent.

Étudiez chaque mot, analysez-le. Demandez-vous : ces mots traduisent-ils le sens réel de mes pensées ? Expriment-ils mes idées ? Lorsque vous vous exprimez devant un public, vous vous parlez à haute voix. D'autres personnes vous écoutent. Par conséquent, si vous vous convainquez vous-même, vous convainquez les autres.

Par conséquent, pour créer un discours, il vous sera utile de suivre ces trois principes :

<u>Premièrement :</u> Organisez vos pensées.

<u>Deuxièmement :</u> Incorporez beaucoup de chair dans le discours.

<u>Troisièmement :</u> Choisissez des mots clés.

Le repas est préparé. Il est bien assaisonné et cuit à point. Il est chaud comme la braise. Il est prêt à être servi. S'il vous plaît, ne renversez pas les haricots.

L'art de présenter un discours dépend de l'orateur. Le respect de quelques règles permet d'être naturel et efficace lorsqu'on parle en public.

(1) Respirez profondément et complètement plusieurs fois. Étirez et appuyez sur le diaphragme. Répétez le Notre Père et ressentez sa présence. Remerciez Dieu pour l'opportunité, l'occasion, les personnes et demandez-lui de vous aider à faire de votre mieux. Ces gestes, d'une durée d'une minute environ, permettent d'acquérir une certaine assurance et une certaine sérénité.

(2) Lorsque vous vous levez pour prendre la parole, jetez un regard agréable sur l'auditoire pendant quelques secondes, souriez et ayez l'air satisfait. Commencez à parler sur un ton agréable et conversationnel. Essayez d'être parfaitement naturel.

(3) Repérez une personne au fond du public et réglez la hauteur et le ton de la voix pour l'accueillir. En cas de doute, demandez-lui si elle vous entend. Un peu de considération personnelle fait que les personnes de l'auditoire se sentent bienveillantes à votre égard.

(4) Prononcez chaque mot clairement, énoncez chaque syllabe délibérément et parlez d'une manière décidée. Une diction claire ajoute de la dignité au discours, et le rend facile à entendre.

(5) Ne laissez pas votre voix s'éteindre à la fin d'une phrase. La fin d'une phrase est aussi importante que le début. La phrase entière doit être entendue, sinon son sens est perdu.

(6) Un changement dans le programme peut nécessiter un changement dans votre discours. Variez votre discours en fonction de l'occasion, mais allez-y toujours préparé. Faites preuve de sérieux et restez délibéré.

(7) Dites votre discours, ne le lisez pas. Lire un discours, c'est comme jeter une couverture mouillée sur la flamme. Vous aurez peut-être encore la flamme, mais pas la lueur. L'éclat du regard, la liberté du corps et le sourire ajoutent du charme à l'orateur et rendent le discours plus convaincant.

(8) Ne vous pressez pas pour parler. Parlez avec le diaphragme. Faites des pauses à des intervalles appropriés et n'essayez pas de faire un discours d'un seul souffle. Parler à la hâte détruit la résonance de la voix et vos mots n'ont pas la hauteur, l'inflexion, le volume et le ton appropriés. Le son des mots joue un rôle important dans votre message.

(9) Essayez de garder vos mains le long du corps sans vous en soucier, et ne les utilisez que pour illustrer un point ou mettre l'accent sur une proposition particulière.

(10) Le meilleur style et la meilleure manière de parler est d'être naturel. Essayez d'être vous- même, au mieux de votre forme. Parlez aux gens à votre manière inimitable. Dites ce que vous pensez, et pensez ce que vous dites.

(11) Lisez plusieurs fois le chapitre « Comment améliorer votre discours, votre voix et vos manières. » Il donne une myriade de suggestions qui sont absolument inestimables pour prononcer un discours et qui vous permettront de parler distinctement et clairement en public.

(12) Soyez bref, concis et parlez avec les gens. Ne leur criez pas dessus.

Dans ma propre expérience, je passe de nombreuses heures à organiser et arranger mes pensées avant de tenter de faire un discours. Je me sens redevable à tout groupe de personnes qui m'invite à parler devant elles. Pour m'acquitter de cette dette, je m'efforce de préparer quelque chose qui sera intéressant. Je n'essaie jamais d'insulter l'intelligence des gens par un discours impromptu, ni de leur infliger un discours extemporané.

Par conséquent, lorsque je constate que les personnes présentes dans mon auditoire bâillent, hoquettent et somnolent, c'est que j'ai fini de parler en public.

Lord Chesterfield a dit : « Soyez plus sage que les autres, si vous le pouvez, mais ne le leur dites pas. » J'accorde toujours aux gens le mérite d'en savoir autant que moi. Je n'essaie jamais de montrer à quel point je suis intelligent. J'aborde mon public avec un esprit d'humilité, comme quelqu'un qui vient pour servir. Je trouve que tant que je parle dans un esprit d'humilité, mon message a de la force et du punch.

Lorsque vous prononcez un discours, vous voulez que les personnes présentes dans l'auditoire vous écoutent. Pour les convaincre et les persuader, vous devez obtenir toute leur attention.

Pour ce faire, suivez un modèle. Rappelez-vous d'abord : l'introduction ; deuxièmement : le corps ; troisièmement : la conclusion.

En préparant le corps principal, organisez vos pensées, incluez toute suggestion pour l'amélioration des affaires, l'augmentation des revenus, l'extension du bien-être public, la prolongation de la vie, la promotion de la santé, l'accroissement du bonheur et la réalisation du succès. Donnez à votre auditoire beaucoup de viande. Faites briller votre discours d'un intérêt humain, et racontez des histoires de personnes ayant réussi et de réalisations inhabituelles.

Choisissez des mots clés qui sonnent bien. Connaissez leur signification. Soyez explicite et éclairant dans vos définitions. Parler en public n'est qu'une conversation élevée à sa pleine capacité.

Les doutes, les inquiétudes, les craintes et les angoisses que suscite un discours sont instantanément éliminés par une préparation minutieuse et par le sentiment que vous parlez à un ami cher et que vous ne vous souciez pas de qui vous écoute. Un auditoire est un groupe d'individus ; lorsque vous parlez à l'un d'eux, vous parlez à tous.

En conclusion, faites votre discours comme vous parleriez. Soyez explicite, bref, et essayez d'injecter un certain sens de l'humour. Parlez avec votre public, et non pas à lui. Allez-y doucement, et l'enthousiasme se répandra dans l'auditoire. Vous parlerez avec charme, avec effet, avec persuasion et avec conviction. Vous pouvez le faire. Allez-y.

Le sol est à vous.

Comment Attirer et Obtenir Ce Que Vous Voulez ?

Il y a quelque temps, j'ai fait un rêve. Dans ce rêve, je me suis réveillé pour me trouver tout seul dans le Monde. Il n'y avait aucune distraction, aucune perturbation, aucune confusion, aucun problème et aucun conflit. Les soucis, les soins et les responsabilités étaient inconnus. Dans ce Monde utopique, avec tout à moi, et le Monarque, j'étais conscient d'être seul. Un sentiment de solitude et d'insécurité s'est emparé de moi. Je ressentais un désir ardent pour quelque chose qui n'était pas là. Qu'est-ce que c'était ? Que manquait-il à ce monde utopique ? Il manquait des êtres humains. Il n'y avait personne à influencer, personne à apprécier, personne à aimer et personne à partager. L'intérêt humain manquait. Dans ce monde utopique, je me trouvais dans un état de misère. Un coup fort a été frappé à la porte. J'étais ravi de me réveiller et d'être conscient d'un monde rempli de gens, un endroit où les êtres humains peuvent attirer et être attirés.

Vous êtes-vous déjà demandé pourquoi l'océan se déplace constamment de haut en bas, les vagues roulant et se brisant les unes contre les autres avec une régularité d'horloge ? Sans ces hauts et ces bas incessants, l'océan deviendrait stagnant. Tout ce qui se trouve à l'intérieur et autour de lui périrait. Ces mouvements permettent à l'eau de regorger de vie et de vitalité.

« Une vie entière de bonheur ! Aucun homme vivant ne pourrait le supporter ; ce serait l'enfer sur terre, » dit Bernard Shaw. Le doux est caché dans l'amer.

Les hauts et les bas de la nature humaine sont un tonique pour provoquer des réflexions et stimuler l'action. Le monde est un terrain d'essai. Les gens qui le composent fournissent un laboratoire pour l'étude des relations humaines. Votre capacité est celle du chimiste en chef à composer des formules, et si celles-ci sont scientifiquement composées, vous pouvez attirer et obtenir ce que vous voulez. Ce chapitre présente des formules élaborées dans le laboratoire des relations humaines, testées sur le terrain de l'expérience et éprouvées sur le terrain des coups durs.

La loi de la relativité d'Einstein est abstraite jusqu'à ce que nous commencions à comprendre son principe. Pour comprendre ce principe, nous découvrons que cette obscure loi scientifique est aussi proche de nous que nos coudes. Selon cette loi, il n'existe qu'une seule sorte de matière dans l'Univers et elle est maintenue ensemble par la loi de l'attraction. En physique, on vous a appris que la loi d'attraction est une force qui agit mutuellement entre les particules de matière, tendant à les rapprocher.

La loi de l'attraction opère dans les relations humaines. C'est la formule, le processus, la méthode et l'acte que vous employez pour attirer les gens. Plus vous en savez sur les gens et les sources qui contrôlent leurs actes, plus vous pouvez les attirer rapidement. La formule pour y parvenir est une combinaison de science et d'art. La science indique ce qu'il faut faire. L'art enseigne comment le faire. Par l'observation, l'expérience, la réflexion et la raison, vous pouvez analyser les gens. Vous pouvez découvrir les raisons qui les influencent et les motivent à agir.

Les gens sont influencés et motivés à agir par des idées. Composer des idées en une formule scientifique et les présenter dans un ordre logique est le moyen le plus rapide de stimuler une réaction et le meilleur moyen d'obtenir des résultats. La nature humaine est fondamentale. Il n'y a rien de plus sûr à prévoir que la réaction que vous obtiendrez des gens, lorsque vous leur présenterez une certaine idée bien définie. Une idée positive en action produit toujours une réaction. Cette réaction sera favorable si la formule pour transmettre l'idée est préparée scientifiquement.

Il y a plus de deux mille ans, Socrate, le vieux sage grec, a dit : « Connais-toi toi-même. » Parfois, la connaissance de soi et de ce qui nous attire nous donne un indice précis de ce qui attire les autres. Nous découvrons un attrait qui les fait agir. La plupart des gens sont fondamentalement semblables. Ce qui plaît à l'un plaira à tous. La plupart d'entre nous essaient constamment et éternellement de persuader et même de se convaincre que nous sommes différents de tous les autres. Avec quarante ans d'expérience de travail et d'expérimentation dans le laboratoire des relations humaines, je sais qu'il en est autrement. Nous avons tous beaucoup en commun les uns avec les autres. Plus vite nous en prendrons conscience, plus vite nous générerons le pouvoir d'attraction. Nous devons réaliser et apprécier un fait important concernant les autres. Ce sont tous des êtres humains rationnels. Ils ont des désirs, des problèmes et des besoins ; et ils écouteront un appel sur la façon de les satisfaire, basé sur la raison et le bon sens.

Les qualités, les caractéristiques et les attributs des autres personnes peuvent généralement être déterminés par une compréhension de nos propres qualités. Comme Emerson l'a dit un jour : « Dire ce que les autres hommes pensent, exprimer ce que les autres hommes ressentent, est l'essence du génie. » Par conséquent, avec cette compréhension, en utilisant les autres personnes et leurs besoins comme centre d'intérêt, nous pouvons élaborer et construire des pensées, des plans, des systèmes, des suggestions et des formules qui les pousseront à agir. Nous pouvons les attirer et les inciter à avoir confiance en notre proposition.

En analysant les gens, nous constatons que leurs actes sont contrôlés par trois sources. Ces trois sources ont été abordées au chapitre 8, « Comment transformer vos idées en argent. » Les idées sont le pouvoir subtil que nous employons pour attirer et motiver. Ces sources sont si importantes que je les énumère à nouveau.

N'hésitez pas à les intégrer dans vos activités. Ils le sont :

1. Émotion

C'est le moyen d'envoyer des pensées pour attirer l'attention. Faites en sorte que les gens écoutent facilement ce que vous avez à dire.

2. Jugement

Le Jugement est atteint par la connaissance. Vous devez organiser vos connaissances et les classer par ordre. Cela transmet la puissance de votre intelligence et impressionne les autres par ce que vous êtes capable de faire.

3. Désir

Cela crée l'envie d'agir. Il ne suffit pas d'attirer l'attention et de susciter l'intérêt. Avec un sentiment de confiance et de sérieux, vous devez éveiller le désir, susciter cette intensité intérieure, invisible, de l'être et donner envie aux autres de faire ce que vous proposez.

Après avoir découvert les sources qui contrôlent les actes des personnes, vous devez découvrir les causes qui les motivent. Ces causes sont motivées par des intérêts.

Quels sont ces intérêts ? Il y en a beaucoup, mais les trois principaux intérêts dans la vie de la plupart des gens sont :

D'abord : Famille. Deuxièmement : la vocation ou les affaires. Troisièmement : eux-mêmes.

Pratiquement tout ce que les gens font dans la vie est centré sur l'un de ces intérêts.

En analysant les causes et les intérêts qui attirent les gens, nous découvrons que ceux-ci peuvent être influencés par certains avantages et l'effet qu'ils ont sur la vie des gens. Ces avantages sont :

<u>Premièrement :</u> Gain de bonheur ou de paix de l'esprit.

<u>Deuxièmement :</u> gain de santé.

<u>Troisièmement :</u> Gain d'argent ou de richesse.

Ainsi, vous avez une route directe vers la source, une route directe vers la cause, et aussi une carte routière des avantages pour attirer tout être humain dans le monde. Vous avez un fond psychologique. C'est votre fondement.

Avec ces connaissances scientifiques et ces informations sur les gens, vous pouvez créer de l'intérieur des pensées et des plans qui attireront les gens et, en les amenant à croire en vous, vous pourrez obtenir tout ce que vous voulez. Les pensées concernant les choses que vous voulez, circonscrites par un service aux autres et auxquelles vous croyez, feront leur apparition dans votre expérience.

La loi de l'attraction est exprimée très clairement dans la Bible. Elle dit : « A celui qui a, on donnera, et à celui qui n'a pas, on enlèvera même ce qu'il a. » Appliqué à l'attraction des personnes, cela signifie simplement que si vous avez les pensées et les forces d'attraction, et que vous les donnez, alors vous attirez d'autres choses à vous et d'autres choses vous seront données. D'autre part, si vous n'utilisez pas les pensées et les forces que vous avez maintenant, alors même ce que vous avez déjà vous sera retiré. Cela ne fait qu'exprimer une loi inexorable et immuable : il faut donner pour obtenir.

Dans la vie, vous n'avez qu'une seule chose à donner, c'est votre capacité, examinée et évaluée par votre propre intelligence, et transmise aux autres par un système ou un plan d'action. Vous pouvez le faire de manière désordonnée ou scientifique. Pour attirer et obtenir ce que vous voulez, cette dernière est impérative.

La perfection d'une entreprise, d'un art ou d'une profession commence par vous. À quelle hauteur vous situez-vous dans l'échelle de la perfection ? Que faites-vous pour améliorer votre efficacité ? Avez-vous appris à mobiliser toutes vos forces et à les concentrer sur le travail à accomplir ? Avez-vous acquis les connaissances et les compétences nécessaires pour accomplir la plus grande quantité de travail avec le moins d'efforts possible, dans le laps de temps le plus court ? Pouvez-vous obtenir un maximum de résultats avec un minimum d'efforts ? Vos pensées sont- elles liquides ?

Pouvez-vous vous adapter rapidement ? Possédez-vous le pouvoir d'adaptation ? Pouvez-vous faire preuve de bon sens ? Avez-vous besoin d'une règle à calcul pour multiplier deux par deux ? Assumez-vous le rôle de l'importance personnelle lorsque vous êtes chargé de diriger les autres ? Vos connaissances spécialisées et vos capacités de direction perdent-elles leur charme et leur saveur au profit de l'impudence et de l'arrogance ? Utilisez-vous votre tête pour d'autres choses, ainsi que pour un endroit où accrocher votre chapeau ?

En analysant et en étudiant les chapitres de ce livre, vous vous rendez compte qu'il a été conçu dans le but de développer les attributs physiques, mentaux et spirituels, et de jeter les bases de l'efficacité personnelle. Il est temps de capitaliser votre personnalité, et de transformer vos capacités en argent. Les potentialités sont stockées en vous. Comment pouvez-vous les mettre en relation avec la tâche à accomplir ? Comment pouvez-vous rendre un service efficace aux autres ?

Tout progrès social et économique provient de l'effort individuel. L'économie et la société se reflètent en vous. L'énergie, les idées et la liberté d'action ont fait de l'Amérique la nation la plus riche du monde. Le but principal de toute entreprise est de remplir avec des choses matérielles ce que les idées formulent. L'économie n'est qu'une distribution d'idées et d'énergie exprimées en choses pour servir et rendre les autres heureux et confortables. Les idées nouvelles, ou les idées anciennes, avec un nouveau corps, de nouvelles connaissances et de nouvelles compétences, sur la façon de mieux faire les choses, sont toujours en demande. Un besoin aujourd'hui n'était qu'une visualisation hier, et ce qui est un besoin aujourd'hui peut n'être qu'une antiquité demain.

Il y a environ soixante-quinze ans, un vieux monsieur était sur le point de faire breveter un certain gadget. En découvrant que son projet de brevet portait le numéro cent mille, il décida de ne pas aller plus loin. Il emporta le gadget chez lui, convaincu que tout était breveté. Depuis lors, deux millions neuf cent mille brevets ont été déposés et, aujourd'hui, plus de cent nouveaux brevets sont déposés chaque jour à l'Office des brevets.

Toutes les affaires traitées s'articulent autour de cinq principes généraux. (1) Les choses nécessaires. L'alimentation, l'habillement et le logement, ainsi que la gestion du gouvernement (fédéral, étatique et municipal) en sont des exemples. (2) Les choses désirées. Les nouvelles idées créent de nouveaux besoins, et pour répondre à ces besoins, l'homme développe de nouvelles entreprises. Ce principe englobe toutes les entreprises visant à fournir les services publics de confort et de plaisir. Les automobiles, les appareils ménagers, certaines constructions, les chemins de fer, les bateaux à vapeur, les autobus et tous les dispositifs permettant de gagner du temps en sont des exemples. (3) Les choses qui rapportent de l'argent. Les banques, les sociétés d'investissement, les bourses, les sociétés de crédit hypothécaire, les syndicats de souscription, la gestion des investissements et toutes les activités liées à la finance en sont des exemples. (4) Choses pour satisfaire l'orgueil. Tous les vêtements de style, les produits cosmétiques, les salons de beauté, les salons de coiffure, les boutiques de cadeaux et toutes les choses pour se parer, en sont des exemples. (5) Les choses qui satisfont la prudence. L'homme est une créature prudente et il aime s'assurer du confort et du plaisir futurs de sa famille et de lui-même. Pour s'en assurer, il s'associe à d'autres pour former une association coopérative afin de se protéger mutuellement en cas de besoin. Le secteur des assurances en est un exemple.

Tous ces différents principes commerciaux sont menés par des êtres humains qui y participent. Chacun s'efforce de servir l'autre, afin d'être servi. Mieux ils servent, mieux ils sont servis. Par conséquent, pour obtenir votre part de ces bonnes choses, vous devez élaborer une formule pour partager vos bonnes choses avec les autres.

L'autoroute de l'intérêt de l'homme moyen passe par l'un de ces cinq principes commerciaux. Vous avez accès à cette autoroute et vous avez le choix d'opérer dans l'une d'entre elles. Vous avez une contribution précise à apporter et un service précis à rendre. Votre capacité et votre pouvoir en tant qu'individu doivent s'exprimer par des idées. Vous devez être capable de commercialiser ces idées, soit en créant quelque chose de nouveau, soit en améliorant quelque chose d'ancien. Toute profession est une proposition de commercialisation. La personne qui exerce cette activité remet ce qu'elle a pour obtenir autre chose. En bref, elle vend quelque chose.

Comment pouvez-vous commercialiser vos idées ?

<u>Premièrement :</u> sélectionnez l'idée que vous voulez réaliser.

<u>Deuxièmement :</u> Définir et énumérer l'idée en termes de service, de chose ou de proposition et visualiser ses valeurs et ses avantages en termes concrets.

<u>Troisièmement :</u> organisez l'idée et son avantage en séquence et donnez-lui un plan ou un corps solide. Revoyez le chapitre 8 et appliquez son contenu.

<u>Quatrièmement :</u> idéalisez le plan, voyez et sentez qu'il attire l'attention et obtient des résultats. Renforcez votre pouvoir de faire cela par les quatre lois, à savoir la loi de la foi, la loi de l'imagination, la loi de la répétition et la loi de la persistance.

<u>Cinquièmement :</u> faites dactylographier le plan en mots simples ou faites faire un plan s'il s'agit de représenter une chose. Ainsi, l'un ou l'autre aura un sens pour vous et pour les autres.

Lorsque vous postulez pour un nouvel emploi ou un nouveau poste, examinez vos idées à la lumière de votre propre expérience, en exposant en détail vos performances passées, vos engagements actuels et ce que vous vous sentez capable de faire. L'employeur ne peut réagir qu'en fonction de ce que vous lui dites. Ne laissez rien au hasard. Soyez complet et explicite. Personne n'a une meilleure idée de ce que vous êtes capable de faire et personne ne peut le dire mieux que vous.

Appliquant les principes ci-dessus à la marchandisation de ses capacités, un jeune homme a présenté ses qualifications à son voisin de palier. Il a précisé sa formation, donné un aperçu complet de son expérience, énuméré ses attributs et ses qualités, visualisé et idéalisé ses capacités et décrit graphiquement comment la société pourrait utiliser et bénéficier de ses services. Son voisin de palier était le président de la société. Il a été tellement impressionné par le plan présentant les spécifications de travail du jeune homme qu'il l'a immédiatement embauché avec un salaire substantiel.

Il est aujourd'hui vice-président de la société.

Pour tester mes propres prouesses, en utilisant ce plan pour marchander mes propres capacités, j'ai postulé à une entreprise pour un emploi. Personne dans l'entreprise ne me connaissait. Je n'avais pas de lettre de recommandation. J'ai adressé ma communication au président de l'entreprise. En bref, j'ai indiqué mon nom, mon âge, ma formation et mon expérience. J'ai énuméré tous les différents départements de cette entreprise, depuis la réception de la matière première jusqu'à ce que le produit soit dans les mains du consommateur. J'ai visualisé dans ma demande tous les tenants et aboutissants de l'acheminement de ce produit vers le client. J'ai suggéré un plan de merchandising qui ferait de chaque client un vendeur pour obtenir une distribution plus large du produit de l'entreprise. J'ai présenté un plan qui créerait et développerait une meilleure relation entre le client et le produit. J'ai donné au président l'impression que je pouvais augmenter le chiffre d'affaires de l'entreprise. Quelques jours plus tard, j'ai reçu une lettre de sa part, me proposant un entretien afin de prendre des dispositions pour un emploi avec un salaire substantiel. Bien entendu, je n'ai pas accepté. Je lui ai rendu visite par courtoisie et lui ai fait part de mon expérience. Il a insisté pour que je prenne des honoraires, ce que j'ai refusé.

Je n'ai pas approché le président de cette entreprise en suppliant pour un emploi. Je l'ai approché avec une idée qui représentait de l'argent pour son entreprise. J'ai attiré son attention, suscité son intérêt et lui ai fait sentir que j'avais des idées à partager. Ce qui, à son tour, lui a fait sentir qu'il avait un bénéfice à partager avec moi.

La plupart des gens sont tellement occupés à gratter dans la boue qu'ils ne s'arrêtent jamais pour penser à ce dont la boue est faite. Ils se demandent pourquoi ils n'arrivent pas à avancer. De temps en temps, on s'arrête, on réfléchit et on analyse la terre. Il devient un penseur créatif. Il utilise sa tête, et dès qu'il commence à utiliser sa tête, il commence à avancer.

Trois hommes travaillaient sur une force de construction. Quelqu'un a demandé : « Que faites- vous ? » Le numéro un a répondu : « Je taille des pierres. »

Le numéro deux a répondu : « Je gagne 10 $ par jour. » Le numéro trois répond : « Je construis une cathédrale. »

Le numéro trois a une vision et une imagination. Il pense à ce qu'il fait. Un jour, le numéro trois dirigera sa propre entreprise.

Estimant que ses droits d'ancienneté avaient été négligés, un employé s'est adressé au président de la société pour se plaindre qu'un homme plus jeune avait été promu à un poste auquel il estimait avoir droit. « Pourquoi mes vingt-cinq ans d'expérience n'ont-ils pas été pris en compte ? » demanda-t-il. Le président lui répond : « Vous n'avez eu qu'un an d'expérience vingt-cinq fois. »

Il ne suffit pas de faire des heures pour obtenir une promotion. C'est le fait d'injecter votre capacité dans les heures qui vous permet d'être reconnu et de garantir une récompense.

L'expérience est la connaissance, la sagesse et la compétence acquises grâce à une utilisation judicieuse du temps.

L'utilisation que vous faites de votre temps libre vous aidera à développer vos capacités. Chaque jour compte vingt-quatre heures. Chaque semaine compte cent soixante-huit heures. Votre vocation occupe quarante heures. Il vous reste donc cent vingt-huit heures par semaine pour dormir, manger, vous divertir, vous détendre et vous améliorer. En utilisant seulement dix pour cent de ce temps libre, vous disposez de presque deux heures par jour pour lire, étudier, penser, méditer, réfléchir et améliorer votre capacité de performance. Quelques heures par semaine judicieusement utilisées enrichiront vos connaissances, élargiront vos perspectives, enrichiront votre expérience et vous permettront d'obtenir une promotion ou une augmentation de salaire.

L'efficacité et la compréhension de votre travail apportent une rémunération supplémentaire.

Le temps libre peut être organisé efficacement. L'utiliser de manière constructive est à la fois intéressant et rentable. Décidez dès maintenant d'en faire usage. Élaborez un programme pour l'utiliser et respectez-le.

Le temps libre, qu'il s'agisse de développer un hobby, une avocation ou la connaissance de soi, aide à prendre de bonnes habitudes. Le temps libre est votre propriété. Un homme a autant de temps qu'un autre. Personne ne peut vous en priver. L'usage que vous en faites détermine en grande partie vos progrès. Remplissez chaque minute avec soixante secondes. Ce ne sont pas les jours ou les heures que vous gaspillez, ce sont les précieuses secondes et minutes. C'est l'usage que vous en faites qui vous fera gagner ou perdre. Occupez-vous des minutes, les heures s'occuperont d'elles-mêmes, et les jours s'occuperont de vous.

Comme l'a dit un jour John D. Rockefeller :

«On m'a appris très tôt à travailler et à m'amuser. Ma vie n'a été qu'un long et heureux congé. Pleine de travail et pleine de jeux...

J'ai laissé tomber le souci en chemin,

Et Dieu a été bon pour moi tous les jours.

Voici six suggestions qui vous aideront à développer votre temps libre :

1. Essayez de consacrer une heure par jour à la méditation silencieuse. Lisez, réfléchissez et révisez.

2. Choisissez un sujet, prenez un crayon et du papier et écrivez toutes les pensées auxquelles vous pouvez penser sur ce sujet. Passez vingt à trente minutes par jour à faire cela.

3. Écrivez une lettre. Essayez de ne pas utiliser les mots « je, » « moi, » « mon » et « mes. »

4. Essayez de converser au moins quinze minutes par jour sans utiliser les mots « je, » « moi, » « mon » et « mes. »

5. Essayez d'écrire un petit article chaque jour, pour expliquer, relater ou définir quelque chose.

6. Consacrez au moins quinze minutes par jour à l'examen et à l'analyse de votre expérience. Efforcez-vous de visualiser et d'idéaliser toutes vos relations avec les gens dans un esprit de gratitude et d'appréciation. Cela vous aidera à découvrir les intérêts des autres. Cela vous aidera à formuler des idées qui sont merveilleuses pour les autres, car les autres se sentiront merveilleux avec vos idées.

Un morceau de verre brille plus qu'un morceau de fer magnétique. Il n'y a pas de comparaison possible quant à la qualité de l'attraction. Ce principe est applicable aux relations humaines. Il est facile d'attirer les gens par des commodités superficielles, mais pour attirer leur attention et les inciter à agir, vous devez avoir le pouvoir d'attraction en vous. Un sourire peut attirer l'attention, mais il faut la puissance consciente des idées pour obtenir des résultats. Une hyène peut sourire, mais quand un employeur veut que quelque chose soit fait, il n'emploie pas une hyène. La morale est la suivante : ne passez pas tout votre temps à peindre l'extérieur de la maison, mais consacrez plus de temps à l'ameublement. C'est là que vous pouvez faire en sorte que les gens se sentent chez eux et les inciter à faire ce que vous leur demandez.

Quelqu'un a dit : " »La louange est comme un diamant. Il tire sa valeur de sa rareté. »

La louange est l'une des plus grandes forces de motivation pour attirer les gens. La Bible contient une histoire très vivante qui illustre le grand pouvoir de la louange. Paul et Silas ont été injustement accusés et jetés en prison sans procès. Cela n'a pas découragé leur esprit. À minuit, ils priaient et chantaient des louanges à Dieu. Un tremblement de terre se produit. Les portes de la prison s'ouvrirent. Paul et Silas étaient des hommes libres.

Dans le monde physique, il y a deux façons d'étendre les choses :

1. Par pression.

2. Par la chaleur.

Pour dilater un objet élastique, comme un pneu de voiture, on y souffle de l'air ou on y verse de l'eau, et la force de pression de l'un ou l'autre de ces éléments le dilate.

La pression inhérente à l'intérieur de l'appareil provoque une expansion lorsque la chaleur est appliquée. L'eau est transformée en vapeur, et la vapeur produit de l'énergie. Les métaux sont chauffés jusqu'à l'état de fusion, et dans cet état, ils peuvent être façonnés sous n'importe quelle forme. La chaleur appliquée au charbon libère des gaz riches, des produits de goudron de houille pour les teintures, et d'autres produits utiles, même des bas de nylon.

Dans le monde des relations humaines, il n'est pas possible d'appliquer une pression physique ou une chaleur aux individus. Une autre formule doit être prescrite. La formule qui vous aidera plus que toutes les autres à vous développer et à croître dans vos relations avec les gens est la chaleur de la louange.

Jésus a enseigné et démontré la louange. Cinq mille personnes affamées se tenaient devant lui. Cinq pains et deux poissons étaient la seule nourriture disponible. Que fait Jésus ? Il ne s'est pas plaint. Il n'a pas rouspété. Il a béni les cinq pains et les deux poissons. Il a remercié Dieu pour eux. Il les a loués. Toute la multitude fut nourrie, et il resta de nombreux paniers.

En tant que père de quatre enfants, je m'efforce à tout moment de louer leurs efforts dans un esprit de véritable appréciation. Cela fonctionne. Cela semble puiser une source cachée à l'intérieur d'eux et les rend plus enthousiastes et plus alertes à accomplir.

Il semble que ce soit une loi inhérente que nous augmentions ce que nous louons. La création s'étend aux louanges. Louez un chien et il devient votre ami. Louez les enfants et ils rayonneront de joie. Louez les plantes, les fleurs et les arbres et ils pousseront mieux. Louez votre capacité avec gratitude et vous augmentez le flux d'intelligence.

Les enfants aiment les louanges. Les animaux aiment les louanges, les plantes aiment les louanges, et vous et moi aussi. Une petite tape sincère dans le dos augmente la bonne volonté et contribue dans de nombreux cas au succès et au bonheur des autres. L'éloge positif appliqué avec émotion est une prière active. Pratiquez-la.

Tout ce que nous louons se multiplie. Si vous avez besoin d'un approvisionnement, la meilleure façon d'amorcer le flux de fournitures supplémentaires est de louer ce que vous avez. Si vous voulez un meilleur emploi et un meilleur salaire, commencez à louer le travail que vous faites. Ceux qui vous entourent peuvent sembler peu reconnaissants, mais continuez à faire l'éloge de votre situation et bientôt ils penseront comme vous. Vous serez étonné de la rapidité avec laquelle les choses commencent à tourner dans votre sens.

William Law a écrit : « Si quelqu'un pouvait vous indiquer le chemin le plus court et le plus sûr vers le bonheur et la perfection, il devrait vous dire de remercier et de louer Dieu pour tout ce qui vous arrive. Car il est certain que, quelle que soit la calamité apparente qui vous arrive, si vous remerciez et louez Dieu pour elle, vous la transformez en bénédiction. Si donc vous pouviez faire des miracles, vous ne pourriez pas faire plus pour vous que par cet esprit de reconnaissance ; car il transforme en bonheur tout ce qu'il touche. »

L'éloge amplifie les bonnes qualités et minimise les mauvaises - si elles existent. L'éloge est une expression positive d'appréciation. C'est se réjouir des réalisations d'autrui. C'est quelque chose qui ne s'achète pas. Elle doit être méritée et partagée par ceux qui la méritent. C'est plus que la gloire et l'argent. C'est donner une approbation sincère et chaleureuse à un ami. C'est lui faire savoir que vous vous intéressez à son bien-être. Elle fait tomber les barrières et vous permet d'accéder à des situations qui ne seraient pas possibles autrement. L'éloge peut être appelé le grand libérateur. Par conséquent, lorsque quelqu'un mérite ou mérite votre approbation, n'hésitez pas à la lui donner. Vous l'encouragerez et vous apprécierez davantage vos propres qualités.

J'aime ce que Berton Braley dit dans « Fais Le Maintenant. » Si vous regardez avec plaisir le travail d'un homme, si vous l'appréciez ou l'aimez, dites-lui...

Ne retenez pas votre approbation jusqu'à ce que le pasteur fasse une oraison, alors qu'il est allongé avec des lys de neige sur son front ; car, peu importe comment vous le criez, il ne s'en souciera pas vraiment, il ne sait pas combien de larmes vous avez versées ; si vous pensez que des louanges lui sont dues, c'est le moment de les lui transmettre, car il ne peut pas lire sa pierre tombale quand il est mort !

Les gens cessent d'apprendre trop tôt. Ils atteignent l'âge mûr de la trentaine et pensent qu'ils ne peuvent plus apprendre. Apprenez quelque chose de nouveau, formulez de nouvelles idées, développez de nouveaux intérêts et suscitez un nouvel enthousiasme. Vous y trouverez un nouvel élan, un nouveau courage et une nouvelle inspiration pour perfectionner votre travail. Les choses ordinaires faites de manière extraordinaire attirent plus d'attention et suscitent plus d'intérêt que les choses extraordinaires faites de manière ordinaire. Il n'est pas nécessaire d'être un royaliste économique pour avoir des étoiles dans sa couronne, des amis parmi ses associés et de l'argent dans sa poche.

Deux de mes bons amis sont Frederick Beckhusen et Karl Kaltenhauser. Ils sont masseurs en chef au Young's Health Institute. On ne pouvait trouver deux personnages plus fins. Ces deux hommes connaissent les noms, les caractéristiques, les idiosyncrasies et les attributs personnels de plus de trois mille hommes. Chaque membre du Young's Health Institute aime et respecte ces hommes. Pourquoi ? Parce que ces hommes font des choses ordinaires d'une manière extraordinaire. Ils donnent le meilleur d'eux-mêmes, volontiers et joyeusement, à tout moment. Ils sont capables d'attirer et d'obtenir ce qu'ils veulent.

En parlant d'être trop vieux pour apprendre, prenez une leçon de Moïse. Selon la Bible, Moïse avait quatre-vingts ans lorsqu'il a commencé sa grande œuvre. Il a conduit les enfants d'Israël hors de l'esclavage égyptien et a intégré les dix commandements grâce à l'inspiration et aux conseils de Dieu. Après quarante ans d'intendance, de direction et d'orientation des Israélites, nous retrouvons Moïse à l'âge mûr de cent vingt ans, l'œil clair et la main ferme.

Pour attirer les gens, il n'est pas sage de trop compter sur l'éducation. L'intelligence précède l'éducation. L'homme avait l'intelligence bien avant d'acquérir l'éducation. L'éducation vient du mot latin « educare, » qui signifie « tirer. » L'ensemble du processus d'éducation consiste à faire ressortir et à développer les capacités latentes et à les organiser selon les normes conventionnelles, afin que les autres puissent les comprendre et en tirer profit.

La conscience humaine est un produit de Dieu. Elle est créée et formée en harmonie avec l'ordre. Même si cela n'est pas reconnu, la loi et l'ordre prévalent dans la conscience humaine, et toute personne compétente dans la connaissance et la compréhension des relations humaines se forme des idées sur cette hypothèse.

Pour avoir un effet maximal, tout moyen d'échanger ou de transmettre des pensées et des idées doit suivre ce principe. L'ordre glorifie le principe de Dieu, et s'harmonise avec la conscience cosmique qui opère dans tout l'Univers, et dans la conscience de l'homme.

Je peux produire autant de sons au piano qu'Iturbi. Iturbi, grâce à sa science, ses connaissances et ses compétences, arrange ces sons avec les touches du piano pour former un modèle sonore. Ce modèle sonore s'harmonise avec l'ordre de l'Univers pour produire la concorde d'un son doux, qui est... la musique. Ce principe s'applique aux idées. Pour attirer et influencer, elles doivent être formées en un modèle avec les bons mots, et disposées en harmonie avec l'ordre.

Dans l'Univers, il n'y a rien de surnaturel. Toutes les choses sont régies par la Loi immuable et inchangeable de Dieu. Dieu est la Vérité. Pourquoi ? Parce que la Vérité est un principe établi sans exception. Toutes les lois naturelles sont des principes de Dieu.

La loi de la physique, la loi des mathématiques et la loi de la chimie sont, ont été et seront toujours des vérités. Toutes ces lois sont un principe établi, sans exception. Deux parties d'hydrogène et une d'oxygène ont donné de l'eau avant que l'homme n'écrive la formule chimique H_2O. Deux parties ajoutées à deux autres parties donnaient quatre parties avant que l'homme ne découvre les mathématiques. Une pomme tombait sur le sol le jour où Newton a découvert la loi de la gravitation. L'électricité était disponible pour éclairer les pyramides égyptiennes, mais les Égyptiens ne savaient pas comment couper les lignes de force, établir un champ magnétique et utiliser une dynamo pour convertir la force physique en énergie électrique.

Un avion survolant Bethléem le jour de la naissance de Jésus aurait été considéré comme un miracle. Pourtant, le principe de l'aérodynamique était aussi applicable à l'époque qu'il l'est aujourd'hui.

La loi de Dieu n'est pas basée sur le hasard. « Le hasard est un mot vide de sens et rien ne peut exister sans cause, » disait Voltaire. Ce que l'on appelle la chance est basé sur le hasard. Si ce que dit Voltaire est vrai, alors la chance ne peut jouer aucun rôle dans l'obtention de résultats. La réussite doit avoir une cause.

Les réalisations ne tombent pas du ciel. Ce sont les résultats obtenus par l'application d'idées dans des plans bien conçus, chargés de faits, de sens et de sentiments centrés sur les besoins des personnes conformément à la loi de Dieu, qui est le principe du Bien.

Une autre pensée qui vous aidera à attirer et à obtenir ce que vous voulez est de reconnaître et de réaliser que toutes les branches de la connaissance enseignent la relation. Tout dans l'Univers est lié. En étant conscient de ce fait et en le démontrant par la gentillesse et l'appréciation envers toutes choses, toutes les forces de l'Univers coopèrent avec vous. L'homme peut multiplier deux par deux ou diviser deux en deux, et ce jusqu'à la fin des temps. Cela prouve que l'homme fait partie de l'infini et qu'il fait également partie de l'infinitésimal. Je sais que je suis une partie de tout ce qui existe dans l'univers et que tout ce qui existe dans l'univers est une partie de moi. Je travaille sur ce principe. Le fait de sentir que je suis une unité dans l'Univers et un citoyen du monde me met en contact avec l'harmonie et l'unité. Je suis chez moi dans la cuisine ou dans le salon. L'homme s'inquiète parce qu'il ne sait pas. L'homme redoute parce qu'il ne comprend pas. L'homme échoue parce qu'il ne pense pas.

Lorsque vous aimez Dieu, vous aimez le Bien, et cela établit un ordre dans vos relations qui produit l'unité et ce que vous faites est fait avec certitude et harmonie. C'est la paix de l'esprit.

« Connaissez la Vérité et la Vérité vous rendra libres. » Dans toutes vos relations, efforcez-vous de découvrir ce qui est vrai, et pratiquez ce qui est bon. Croyez en vous, et acquérez les habitudes qui vous feront croire en vous. Agissez comme s'il était impossible d'échouer. Restez actif.

Le génie est un pour cent d'inspiration et quatre-vingt-dix-neuf pour cent de transpiration. Les génies ne sont que des personnes qui s'affairent à perfectionner une science ou un art.

Les sommets atteints et conservés par les grands hommes n'ont pas été atteints par une fuite soudaine. Mais eux, pendant que leurs compagnons dormaient, travaillaient vers le haut dans la nuit. Retenez ces quelques préceptes.

(1) Adoptez l'attitude du succès, pensez-y et ressentez-le. Une bouquetière de Londres ressemblait à une duchesse, pensait comme une duchesse, parlait comme une duchesse, agissait comme une duchesse et devenait rapidement une duchesse dans la pièce « Pygmalion. »

(2) Agir de manière scientifique. Connaissez tous les faits. Aucune entreprise n'est assez bonne pour qu'un homme y passe un jour, mais toute

entreprise est assez bonne pour qu'il y passe toute sa vie. Le chemin de la perfection n'est pas bondé.

(3) Une voiture est plus performante lorsqu'elle passe la vitesse supérieure, et il en va de même pour votre personnalité. Passez la vitesse supérieure, allez partout et faites des choses.

(4) Soyez joyeux. Souriez, mais ne comptez pas sur cela pour obtenir une augmentation de salaire.

(5) Restez flexible. Les changements se produisent à la vitesse de l'éclair. Apprenez à vous adapter rapidement aux conditions et à vous adapter gracieusement aux gens.

(6) Étudiez les gens, découvrez ce qu'ils aiment et faites des plans pour les satisfaire.

(7) Faites preuve de tact et de diplomatie. Sentez votre chemin. Il est préférable d'arriver entier que par morceaux.

(8) Mets-toi rapidement d'accord avec ton adversaire. La tempête ne dure pas très longtemps.

(9) Soyez indulgent. La prochaine fois, ce sera peut-être vous.

(10) Parlez doucement. L'arrogance et l'impudence ont leur récompense.

(11) Soyez fiable. Si vous prenez un rendez-vous ou passez un accord, respectez-le. Que votre parole soit votre engagement.

(12) Pensez, puis agissez, et vous ne vous lasserez pas d'agir. Plus vous réfléchissez, moins vous avez de travail à faire.

(13) Soyez un ami. La seule façon d'avoir un ami est d'en être un. Exécutez toutes vos idées avec un esprit humble et amical.

(14) Si vous sentez venir les symptômes de la suffisance, et une légère attaque de grosse tête, prenez cet antidote. « Pensez à toutes les choses qui ont été faites, à toutes les choses qui sont faites et à toutes les choses qui seront faites, même sans vous et sans moi. »

Continuez à planter des idées. Certaines tomberont sur des cœurs de pierre, d'autres sur des dômes de marbre, mais d'autres encore tomberont sur des cerveaux fertiles et produiront trente, soixante et même cent fois plus de bons résultats. La loi des moyennes est une loi très exigeante. Elle vous demande de planter des idées, mais elle ne manque jamais de vous récompenser justement. Lorsque vous avez gagné quelque chose, rien dans l'Univers ne vous empêchera de l'obtenir.

Vous pouvez attirer et obtenir ce que vous voulez simplement en croyant en vos idées. Elles sont la substance des choses que vous voulez, et si vous avez foi en elles, la substance des idées devient la preuve des choses que vous vouliez. Toutes les réussites ont suivi ce principe.

Dans ce chapitre, je vous ai révélé les attributs psychologiques et les qualités spirituelles qui vous permettent d'attirer les gens, et de les inciter à prendre conscience de vos idées. Les idées qui se conforment à un modèle sont comme de la musique à l'oreille, elles inspirent confiance et motivent l'action en vertu de leur propre pouvoir. Elles sont l'essence même des affaires. Elles sont irrésistibles. Les gens les ressentent de la même manière que vous. Vous pouvez construire et créer des idées autour des besoins des autres qui attireront l'attention, stimuleront l'imagination, réveilleront les intérêts endormis, électriseront les désirs latents, susciteront des sentiments et inciteront les gens à agir. Votre capacité d'attirer et d'obtenir ce que vous voulez en vous-même existe. Utilisez-la et les résultats suivront comme la nuit le jour.

Comment La Loi Des Moyennes Vous Rendra Riche

L'amour est la loi universelle de la justice. C'est pourquoi Dieu est Amour. Toutes les lois naturelles expriment la justice. Les lois naturelles n'ont pas de favoris, et sont à la disposition de tous ceux qui s'efforcent de les comprendre et de les appliquer. La loi des moyennes est une loi naturelle. Elle fonctionne avec tous et pour tous avec une certitude, une précision et une justice absolues.

Dans sa quête de connaissances, l'homme découvre de nombreuses lois naturelles. Il réduit ces lois à des choses réalisables et, grâce aux effets de ces lois, il est capable d'améliorer son confort et son plaisir. Il est capable de prouver les effets de ces lois et de les exprimer par des formules scientifiques. La loi des moyennes peut être ramenée à une formule scientifique et appliquée dans les relations avec les gens. Les résultats peuvent être anticipés avec précision. Au cours de mes quarante années d'expérience dans le domaine de la vente, j'ai prouvé que la loi des moyennes s'applique aussi bien aux êtres humains qu'aux choses. La connaissance scientifique de la loi des moyennes est l'un des facteurs les plus stimulants et les plus fascinants dans les affaires. L'application de cette loi garantit le succès dans tous les domaines d'activité.

Dans ce chapitre, je veux vous donner - Premièrement : Une introduction pratique qui prouve que la loi des moyennes s'applique aux choses et aux gens. Deuxièmement : Je veux vous donner une interprétation scientifique de la loi des moyennes. Troisièmement : Je veux vous dire comment la loi des moyennes peut vous rendre riche et aussi comment elle fonctionne avec moi et pour moi.

Pour introduire l'application scientifique de la loi des moyennes, observons une démonstration. Prenez une pièce de monnaie et lancez-la en l'air cent fois. Notez le nombre de fois où elle tombe sur pile et le nombre de fois où elle tombe sur face. Que se passe-t-il ? Il y a deux faces à cette pièce, et les deux faces sont exposées. La loi des moyennes détermine le nombre de fois où la pièce tombe face et le nombre de fois où elle tombe pile. Comme il n'y a que deux faces exposées, la pièce doit tomber un nombre égal de fois sur pile et un nombre égal de fois sur face. Une pièce lancée en l'air un nombre suffisant de fois donnera le même résultat à chaque fois.

Il y a une autre démonstration qui va vous intéresser. Numérotez dix balles de golf, une, deux, trois et ainsi de suite jusqu'à dix. Mettez-les dans un sac et secouez-les bien. Tirez-en une. Le numéro que vous tirez est l'un des dix. La loi des moyennes donne le numéro un à chaque fois au cours des dix tirages. Tirez ces boules cent fois, et pendant les tirages, la loi des moyennes donne successivement la boule marquée du numéro un et du numéro deux. Tirez ces boules mille fois, et pendant les tirages, la loi des moyennes donne successivement les boules marquées du numéro un, deux et trois.

Tirez ces boules dix mille fois, et pendant les tirages, la loi des moyennes donne successivement les boules marquées du numéro un, deux, trois et quatre. Tirez ces boules cent mille fois et, pendant les tirages, la loi des moyennes fait apparaître successivement les boules marquées un, deux, trois, quatre et cinq. Continuez les tirages jusqu'à dix milliards, et pendant les tirages, la loi des moyennes donne successivement les boules marquées un, deux, trois, quatre, cinq, six, sept, huit, neuf et dix. Si vous ne le croyez pas, essayez-le.

L'une ou l'autre des démonstrations ci-dessus prouvera que la loi des moyennes fonctionne. Puisqu'elle fonctionne, essayons de la définir. Socrate, l'un des plus grands penseurs qui ait jamais vécu, avait une grande devise : « Définis tes termes. » Il est donc logique que vous connaissiez la signification scientifique de la loi des moyennes. Dans ma tentative de définir la loi des moyennes, j'ai écrit des lettres, fait des enquêtes et posé de nombreuses questions. De ces différentes sources, j'ai reçu de nombreuses idées et suggestions. Pour les résumer, la réponse était la suivante : « Si vous mettez quelque chose dedans, vous obtenez quelque chose dehors. » Une très bonne réponse et qui contient des éléments de vérité. Cependant, elle ne me satisfaisait pas.

Des millions de personnes avaient vu des objets tomber sur le sol bien avant que Sir Isaac Newton ne découvre la loi de la gravitation. Mais Newton voulait connaître la raison pour laquelle les objets tombaient au sol. Quelqu'un lui a demandé comment il avait découvert la loi de la gravitation. Sa réponse a été : « En y réfléchissant. »

Après avoir réfléchi pendant plusieurs jours à la loi des moyennes en termes d'application, de démonstration, de relations et de résultats, j'ai créé la définition suivante.

La loi des moyennes est la loi qui détermine le nombre de fois qu'une chose se produit en proportion du nombre de fois que cette chose est exposée.

La pièce est exposée cent fois. Elle n'a que deux faces, pile et face. Par conséquent, elle doit tomber un nombre égal de fois pour chaque côté et le fera toujours en proportion du nombre de fois où elle est exposée. Le même principe s'applique aux balles de golf. Exposez-les suffisamment de fois et le résultat que vous recherchez ne manquera pas de se produire.

La définition de la loi des moyennes l'établit sur une base scientifique. Par conséquent, il vous sera très utile de visualiser cette définition et de la fixer dans votre esprit. La connaissance approfondie d'un principe nous incite à l'appliquer. Quiconque applique la loi des moyennes sur la base de la définition ci-dessus ne peut manquer de produire des résultats.

Certains peuvent confondre la loi des moyennes avec le hasard. Le hasard vient du mot latin « cadere » qui signifie « échouer. » Le hasard consiste à prendre le pari qu'une chose va se produire. C'est un risque pur avec une possibilité de gagner basée sur cette chose imaginaire appelée chance. La loi des moyennes est une loi définitive qui élimine le hasard, évite le risque et répond à toutes les exigences auxquelles elle est appliquée.

La loi des moyennes est utilisée par toutes les compagnies d'assurance-vie pour déterminer le taux de mortalité d'un nombre donné de personnes à un âge donné. C'est le principe scientifique sur lequel sont calculées toutes les tables de mortalité. Pourquoi ? Parce qu'un nombre donné de personnes est exposé à la mort à tout moment et que, par conséquent, un certain nombre de décès se produira chaque année, avec une précision absolue. Ce fait, plus le taux d'intérêt gagné sur les primes collectées, détermine le coût de l'assurance-vie par an.

La loi des moyennes s'applique également au portefeuille d'investissement. Sur un nombre donné d'entreprises qui font des affaires, un certain nombre d'entre elles réussiront. Une institution financière peut investir dans un nombre suffisant de ces entreprises pour que la loi des moyennes puisse fonctionner. Cela permet de garantir une sécurité raisonnable pour un investissement ainsi qu'un retour d'intérêt garanti sur cet investissement. Par conséquent, en appliquant la loi des moyennes, une institution financière peut investir de l'argent de manière scientifique.

La plupart des risques de crédit sont basés sur la loi des moyennes. Sur un nombre donné de risques de crédit, un certain nombre sera toujours responsable et s'avérera satisfaisant.

La loi des moyennes s'applique à toutes les entreprises. Certains hommes d'affaires sont conscients de cette loi et développent leurs entreprises avec rapidité, empressement et certitude. D'autres l'appliquent de manière aléatoire, mais ils ne récoltent en aucun cas la récompense riche et complète de son application scientifique.

« L'ignorance de la loi n'excuse personne » est une vieille maxime juridique qui s'applique à la loi du pays. Commettre un crime en invoquant l'ignorance n'excuse pas le délinquant. Le même principe s'applique aux lois de la création, sauf que ces lois sont plus exigeantes. L'ignorance de ces lois n'interfère en rien avec leur fonctionnement. Les lois sont là pour que nous les utilisions et le fait de ne pas les utiliser n'est certainement pas une faute des lois. La loi des moyennes est une loi fondamentale de la création. L'appliquer, c'est profiter de ses récompenses.

La loi des moyennes est exprimée pas moins de trois fois dans la Bible - dans le treizième chapitre de Matthieu, le quatrième chapitre de Marc et le huitième chapitre de Luc. Dans chacun de ces chapitres, on trouve la « parabole du semeur, » qui indique clairement que le semeur doit semer sa semence avant de pouvoir espérer récolter une récolte. Certaines graines tomberont sur le bord du chemin, d'autres parmi les épines, d'autres encore parmi les rochers, mais certaines tomberont sur une bonne terre et donneront une récolte au centuple.

Le secret du semeur, c'est le type de semence qu'il sème. La semence doit être de bonne qualité afin de prendre racine lorsqu'elle tombe sur le bon sol. Ce qu'il récolte sera de la même nature que ce qu'il a semé. S'il sème du vent, il récoltera un tourbillon. S'il sème de la sciure, il récoltera de la sciure. Chaque chose s'accroît selon sa propre nature. De même que la graine contient tous les éléments essentiels à la plante, de même les idées doivent contenir tous les éléments essentiels pour influencer les gens. Vous devez semer des idées avant de pouvoir récolter une récompense. Vous devez donner avant de pouvoir obtenir. Alors quand vous semez et quand vous donnez, faites-le librement, sans conditions. Comme Jésus l'a dit, « Si un grain de blé ne tombe en terre et ne meurt, il reste seul. Mais s'il meurt, il porte beaucoup de fruit. » Vous faites votre part et la graine fera la sienne.

La plupart d'entre nous, la plupart du temps, sommes contrariés, distraits et découragés parce que nous n'avons pas la connaissance précise d'une loi sur laquelle développer nos efforts. Le doute, l'incertitude et la crainte s'insinuent dans notre conscience, et nous avons tendance à vaciller d'un but à l'autre, d'un intérêt à l'autre, et nous finissons par être simplement déconcertés, et avec un sentiment superficiel d'avoir été trompés. En appliquant une loi fondamentale, ne soyez pas anxieux ou trop zélé pour changer votre procédure.

Rappelez-vous que les lois naturelles ne vacillent pas. Les lois qui régissent l'Univers sont immuables. Elles se déroulent logiquement. Observez avec quelle logique les choses dans la nature croissent et se développent. Rien n'est accidentel. Elles se développent dans un ordre logique et s'épanouissent parfaitement.

Les lois de Dieu ne peuvent pas échouer. Un échec serait une violation des propres principes de Dieu. C'est impossible. La loi de la gravitation échoue-t-elle ? Laissez tomber ce que vous tenez dans votre main et voyez ce qui se passe. Cette loi est constamment à l'œuvre, même si vous n'en êtes pas conscient. La loi de la physique, la loi de la chimie, la loi des mathématiques ou toute autre loi fondamentale est constamment disponible pour notre usage. Quelqu'un peut demander ce que coûtera une douzaine d'œufs à 6 cents chacun.

Instantanément, grâce à la loi des mathématiques, vous multipliez 12 x 6 et résolvez le problème. Dès que vous êtes conscient de la loi, elle est là pour répondre à votre besoin.

Jusqu'à présent, je vous ai donné une démonstration pratique de la loi des moyennes. Je l'ai définie et je me suis efforcé de l'interpréter scientifiquement. A partir de maintenant, je veux montrer comment la loi des moyennes fonctionne pour vous et pour moi.

La loi des moyennes donne des résultats avec la même certitude et la même précision que la loi des mathématiques, lorsqu'elle est appliquée. Non seulement je crois en la Loi des Moyennes, non seulement j'ai foi en elle, mais plus encore, je sais que la Loi des Moyennes fonctionne. Lorsque je multiplie 6 x 12, je sais que c'est 72. La foi et la croyance en la loi des mathématiques deviennent une connaissance immédiate. L'application de la loi des moyennes devient une connaissance immédiate et utilisable dès qu'elle est appliquée.

Il y a peu d'années, j'ai fait 1800 appels téléphoniques. Je n'ai pas eu une seule réponse. Etais-je consterné ? Etais-je frustré ? Etais-je découragé ? Pas le moins du monde. J'exposais une idée sous la forme d'un plan de vente décrivant les avantages de l'assurance-vie. Je mettais en pratique la loi des moyennes. Je savais que cette loi ne pouvait pas échouer. En opérant selon ce principe, il n'y avait pas lieu de douter. Je savais que les résultats étaient certains. Que s'est-il passé ? En quelques jours, j'ai touché le jackpot. Il a plu des affaires. La loi des moyennes a-t- elle porté ses fruits ? En moins d'un mois, j'ai reçu plus de 2,00 $ pour chaque appel téléphonique effectué. De plus, j'ai reçu un bonus d'au moins autant.

Dans le domaine de la vente, la loi des moyennes est très exigeante quant à la quantité d'appels nécessaires pour une vente. Elle exige certainement que vous ayez des idées, mais elle ne prescrit pas la méthode à utiliser. En fait, la loi des moyennes est absolument indifférente à la méthode que vous employez pour la mettre en œuvre. Dans mon expérience de la vente, j'ai toujours utilisé le téléphone. Je trouve que le téléphone est la méthode la plus rapide, la plus pratique, la plus efficace, la plus réalisable et la plus scientifique pour transmettre une idée au plus grand nombre de personnes dans le laps de temps le plus court. C'est le moyen le plus rapide et le plus direct d'exposer une idée de manière personnalisée et, par conséquent, de remplir les conditions nécessaires au fonctionnement de la loi des moyennes.

Pour appliquer la loi des moyennes dans le domaine de la vente, il est absolument nécessaire de déterminer le résultat que vous souhaitez. La loi des moyennes ne connaît pas l'objectif que vous désirez tant que la décision n'est pas prise. Une fois la décision prise, la loi se met en marche pour la réaliser. Le nombre de fois vous exposez une idée sur un produit ou un service est le nombre qui détermine la fréquence à laquelle l'exposition de cette idée vous récompensera.

La plupart des personnes qui vendent travaillent soit à la commission, soit contre un salaire. Si vous travaillez à la commission, attribuez une valeur monétaire précise à chaque appel. Si vous travaillez sur la base d'un salaire, estimez le nombre d'appels que vous voulez faire pour conclure une vente. Tenez un registre et regardez la loi des moyennes opérer.

Dans ma propre expérience, j'ai toujours attribué une valeur de 2,00 $ à chaque appel téléphonique. Par conséquent, si je passe 50 appels téléphoniques en une journée, je sais que j'ai gagné 100 $. Pour illustrer ce fait, il sera intéressant pour vous de savoir qu'en juin 1947, j'ai commencé à utiliser la loi des moyennes sur cette base. À la fin du mois de décembre 1947, j'ai constaté que j'avais passé 3 000 appels téléphoniques et la loi des moyennes m'a payé non seulement 2,00 $ pour chaque appel, mais m'a également récompensé par un bonus substantiel.

Vous pouvez vous demander : « La loi des moyennes fonctionne-t-elle chez les étrangers ? » Le soleil connaît-il des inconnus ? La loi des moyennes ne connaît pas d'étrangers, et une fois qu'elle est mise en œuvre, elle fonctionne comme un aimant. Elle attire et attire à elle la chose que vous désirez. Rappelez-vous la « Parabole du semeur, » comptez toujours sur une bonne semence. La valeur et l'avantage du produit ou du service, et ce qu'ils signifient pour le prospect, sont la semence que vous semez. Exposer des idées intégrées dans un plan de vente et les transmettre avec une foi et une certitude absolues à un nombre donné de prospects met en œuvre la loi des moyennes. Les réactions aux idées sont-elles prévisibles ? Oui, il n'y a rien de plus sûr à prévoir que la réaction que vous obtiendrez d'un nombre donné de personnes lorsque vous leur présenterez une certaine idée bien définie. Une action positive entraîne toujours une réaction.

Cette réaction sera favorable ou défavorable. Si elle est favorable, vous agissez rapidement. Si elle est défavorable, vous l'oubliez et en cherchez une autre.

Vous êtes à la recherche d'un emploi ? Vous voulez un salaire plus important ?

Voulez-vous améliorer votre profession actuelle ? Appliquez la loi des moyennes et vous pourrez tirer un avantage décisif de l'une des situations ci-dessus. Comment y parvenir ?

Formulez des idées sur ce que vous voulez accomplir. Commencez à appliquer ces idées. Continuez à essayer. Soyez convaincu que la loi des moyennes travaille avec vous et que, grâce au processus d'élimination, elle vous aide à atteindre votre objectif. Par conséquent, en persistant, vos efforts seront couronnés de succès, et ce que vous recherchez se manifestera automatiquement dans votre expérience.

En appliquant la loi des moyennes, efforcez-vous d'être patient. Secouez la branche d'un pommier sur laquelle se trouve une pomme verte, et rien ne se passe. Secouez la branche lorsque la pomme est mûre et la pomme tombe. N'oubliez pas non plus le grain : " »d'abord la lame, puis l'épi, et enfin le grain entier dans l'épi. » La loi des moyennes ne peut être forcée, contrainte ou accélérée. Lorsque les conditions sont réunies, elle fonctionne avec précision. Rien ne peut la forcer à agir, et rien ne peut l'empêcher d'agir.

La loi des moyennes vous rémunérera en fonction de la valeur que vous lui accordez vous-même. Si vous exigez peu, elle sera peu rémunérée. Si vous exigez beaucoup et que vous fixez un objectif valable, il répondra toujours à vos attentes. Le vieux dicton dit : « Pourquoi mettre une montagne en travail, juste pour faire sortir une souris ? »

Rappelez-vous le vieux poème de Jesse B. Rittenhouse de la « Porte des Rêves » qui dit : J'ai négocié avec la vie pour un penny

Et la vie ne paierait pas plus, cependant, j'ai mendié le soir quand j'ai compté mes maigres provisions. Car la vie n'est qu'un employeur ; elle vous donne ce que vous demandez, mais une fois que vous avez fixé le salaire, vous devez assumer la tâche. J'ai travaillé pour un salaire d'ouvrier, mais j'ai appris avec consternation que tout salaire que je demandais à la vie, la vie l'aurait payé.

Dites à la Loi des Moyennes ce que vous voulez. Demandez-le, cherchez-le, exigez-le d'une manière humble et sincère - puis tenez-vous-en à cette demande avec foi, avec persistance et détermination jusqu'à ce que vous ayez atteint votre objectif.

N. W. Ayer, l'un des plus grands publicitaires que ce pays ait jamais produit, avait un excellent slogan : « S'acharner à réussir, c'est réussir. » Certaines personnes pensent que cela implique une forme d'esclavage. Je pense que M. Ayer faisait peut-être référence à la loi des moyennes. Une chaîne d'idées met en oeuvre la loi des moyennes, qui donne des résultats. Une idée, une fois imprimée, commence à accélérer un processus d'autres idées, à former une chaîne d'influence, et finalement, grâce à la loi des moyennes, l'idée apporte le succès.

En appliquant la loi des moyennes, rappelez-vous que vous n'avez aucun contrôle sur ses récompenses ou sur la source de ces récompenses. Elle vous récompense à partir des sources les plus insoupçonnées et de la manière la plus inattendue. En tant que vendeur, vous pouvez vous réjouir d'une vente assurée. En apparence, le prospect ne peut pas échouer. Mais que se passe-t-il ? Le prospect n'achète pas. Pourquoi ? Parce qu'il est humain. La loi des moyennes, par contre, ne peut pas échouer, et ce que vous pensiez n'être qu'un « suspect » se transforme en une véritable vente. Ce principe s'applique également à ceux qui cherchent un emploi, un salaire plus élevé ou une amélioration de leur profession. La récompense vient de la source la moins attendue.

La loi des moyennes est différente des lois créées par l'homme. Elle ne peut être changée, modifiée ou amendée. Aucun acte de chicanerie, aucune fraude astucieuse et aucun art de la tromperie ne peuvent la forcer à agir ou la faire échouer. Elle ne peut être mise en action que par une pensée concentrée. Le véritable objectif de la loi des moyennes est de vous donner un plan d'action précis avec l'assurance absolue que l'application de vos capacités ne peut manquer de produire des résultats. Cette assurance vous donne le pouvoir et la détermination de continuer.

Les expériences que j'ai énumérées ne sont pas des opinions ou des théories sur la loi des moyennes. Elles sont la loi des moyennes en action. Cette loi n'a pas besoin d'un lieu ou d'un moment favorable pour fonctionner. Elle fonctionnera pour n'importe qui, à n'importe quel moment et à n'importe quel endroit. Elle exige de la concentration et de l'application, ce qui provoque une réflexion rapide. De nombreuses pensées constructives et des idées vous viendront lorsque vous commencerez à appliquer la loi des moyennes. Votre capacité à exprimer ces pensées et ces idées augmentera au fur et à mesure que vous en aurez besoin. Votre aptitude à appliquer la loi des moyennes vous procurera de nombreuses sensations fortes et de nombreux chèques. Il peut vous rendre riche.

Comment Trouver Sa Place Dans Le Monde

L'autre jour, en feuilletant le journal du dimanche, mon regard a été instantanément attiré par la photo d'une classe de diplômés de l'une des grandes universités. J'ai analysé cette photo. Les visages de ces garçons semblaient incertains, non pas incertains de la vie ou de son avenir, mais incertains de la place qu'ils pouvaient y prendre. Ils semblaient être dans un dilemme. Se demandaient-ils où il leur serait possible de s'intégrer ? Se demandaient-ils comment faire l'usage le plus efficace de leurs talents et de leurs capacités pour rendre le service le meilleur et le plus utile ?

Non seulement les garçons qui sortent des universités et des collèges, mais aussi des milliers d'autres personnes se demandent à tout moment s'ils sont au bon endroit. Suis-je une cheville carrée dans un trou rond, ou suis-je une cheville ronde dans un trou carré ? Est-ce que j'exploite pleinement mes talents ? Mes capacités sont-elles canalisées dans les bonnes directions ? N'y a-t- il pas une occupation ou une chose que je pourrais faire plus efficacement ? Mes efforts sont-ils pleinement appréciés ? Ce sont des questions typiques que les gens se posent. La plupart des gens cherchent à trouver, ou à améliorer, leur place dans la vie. Il veut une place au soleil, où ses connaissances et ses compétences peuvent être appliquées avec efficacité et où il peut jouir de l'unité, de l'harmonie et de la paix de l'esprit.

Existe-t-il un système ou un guide pour aider les gens à trouver leur vraie place dans la vie ? Est-il nécessaire de trébucher ici et là sans objectif précis ? Après avoir longuement réfléchi à ce sujet, j'ai élaboré cinq étapes pour vous aider. Suivez ces cinq étapes et vous serez à votre place.

1. FAIRE LE POINT SUR VOS CAPACITÉS

Si vous deviez vous lancer dans une entreprise, la première chose sensée et pratique à faire serait de procéder à un inventaire complet. Vous étudieriez son emplacement actuel, inspecteriez le bâtiment, feriez un inventaire du stock, évalueriez les installations, dresseriez la liste de ses actifs et répertoriez ses passifs. Vous analyserez tranquillement ces données. Vous visualiserez l'entreprise en relation avec le client. Vous étudierez ses besoins et ses désirs, et prendrez des dispositions pour les satisfaire. Votre principal désir serait de rendre un bon service au client et de réaliser un bénéfice raisonnable. Vous étudierez également les possibilités de l'entreprise, vous élaborerez des méthodes pour les améliorer et vous vous efforcerez de réaliser et d'exploiter ses possibilités.

Le même principe s'applique à vous. Vous êtes en quelque sorte un marchand, et votre activité consiste à commercialiser vos capacités. Lorsque vous avez acheté ce livre, il est devenu votre partenaire silencieux. En utilisant son contenu en conjonction avec votre entreprise, il n'y a aucune limite à ce que vous pouvez faire.

L'emplacement central de votre capacité se trouve dans votre profession. Peu importe ce qu'elle est, ou où elle se trouve, elle a des possibilités illimitées d'amélioration et d'expansion.

Le bâtiment à partir duquel vous opérez est votre corps. Il doit être entretenu et maintenu en bon état. Il doit être bien nourri et bien traité. Il fournit l'énergie nécessaire pour accomplir et donne de la vitalité à la capacité. Elle vous qualifie pour travailler avec efficacité. Maintenez-la en bon état en appliquant les principes énoncés dans « Comment doubler votre énergie. »

Votre stock de marchandises représente vos pensées. Distribuez-vous des pensées négatives pour faire fuir le client ? Utilisez-vous des pensées positives pour augmenter le chiffre d'affaires et réaliser vos désirs ? Lisez « Ça aurait pu être vous. »

Exploitez-vous pleinement votre stock au sous-sol ? Le sortez-vous, faites-vous savoir aux gens ce que vous avez ? Vous pouvez puiser dans votre stock au sous-sol et l'utiliser pleinement en lisant « Êtes-vous à neuf dixièmes sous l'eau ? »

Observez-vous les besoins du client ? Vous concentrez-vous sur les méthodes et les plans pour satisfaire ces besoins ? Avez-vous bien noté son nom et pouvez-vous vous souvenir de la dernière transaction ? Raisonnez-vous à l'avance ses désirs et réfléchissez-vous à la manière de les satisfaire ? Ajoutez-vous de temps en temps un peu de l'ingrédient inestimable, afin qu'il connaisse votre valeur réelle et fasse connaître votre nom à ses voisins ? « Comment augmenter votre pouvoir de penser et de construire » répertorie tous ces éléments et vous indique comment en faire l'usage le plus judicieux.

Utilisez-vous les bons mots pour présenter votre stock, afin que le client puisse avoir une confiance totale et une connaissance complète de ce que vous pouvez faire pour lui ? « La clé de la fortune » vous explique comment.

Avez-vous de l'enthousiasme pour votre entreprise, et pouvez-vous le générer en vous-même, et aussi chez le client ? Lisez « Comment susciter l'enthousiasme. »

Vous manquez de confiance dans votre entreprise ? Votre stock s'use et se détériore sur les bords ? Lisez « La chose la plus intéressante du monde » et regardez votre entreprise s'améliorer.

Exploitez-vous pleinement vos idées pour améliorer le stock, stimuler l'intérêt des acheteurs et développer l'entreprise ? Les idées nouvelles sur des choses banales attirent souvent l'attention et suscitent l'intérêt du client. Lisez « Comment transformer vos idées en argent. »

Vous êtes inquiet pour l'avenir de votre entreprise ? Êtes-vous préoccupé par une rupture de stock ? Vous êtes incertain et vous doutez de la situation ? Votre tranquillité d'esprit est-elle perturbée ? Revoyez « Comment utiliser le présent. »

Avez-vous inspecté vos installations dernièrement ? Qu'en est-il de votre équipement pour présenter votre marchandise ? Votre discours, votre voix et vos manières sont les meilleurs accessoires que vous ayez. Une bonne révision les améliorera. Elle vous aidera à présenter votre stock, et permettra au client de comprendre facilement et d'avoir pleinement confiance en ce que vous dites. Consultez « Comment améliorer votre discours, votre voix et vos manières. »

Vous êtes un bon commerçant. Vous avez une excellente réputation. Le Rotary Club veut savoir comment vous faites. On vous demande de faire un discours. Vous pouvez le faire. Lisez « Comment faire un discours. »

Voulez-vous augmenter votre chiffre d'affaires ? Voulez-vous attirer plus de clients ? Voulez- vous que les gens aient de la sympathie pour vous ? Voulez-vous étendre vos services ? « Comment attirer et obtenir ce que vous voulez » vous explique comment faire.

Votre marchandise est-elle exposée en permanence ? L'exposez-vous au plus grand nombre de personnes, afin d'augmenter le nombre de clients ? La loi des moyennes n'échoue jamais. Lisez « Comment la loi des moyennes peut vous rendre riche. »

Lorsque vous ferez le point sur vos capacités à la lumière de cette analyse, et que vous utiliserez les chapitres de ce livre pour vous encadrer et vous guider, vous serez une entreprise viable à tout point de vue. Vous disposerez d'un fonds de roulement illimité et d'un excédent suffisant pour affronter toutes les tempêtes. Votre place dans la vie sera assurée.

2. PRATIQUER L'AUTOSUFFISANCE

L'autre jour, j'ai fait une promenade dans les bois. Je suis arrivé à un très bel arbre. J'ai arraché une feuille de cet arbre. J'ai observé sa forme, sa taille, sa couleur, et aussi les nombreuses lignes qui parcourent son corps. En termes de symétrie et de conception, aucun artiste n'aurait pu imiter sa beauté. En ce qui concerne la texture et la construction, aucun sculpteur n'aurait pu se rapprocher de sa formation. Chaque ligne, de la tige à la pointe, avait sa place. C'était l'expression de la perfection, l'apogée de la qualité. Sur le même arbre, sur une branche voisine, j'ai arraché une autre feuille. Sur l'arbre, son aspect était identique à celui de la feuille que je venais d'examiner. Comme elles étaient suspendues à l'arbre, il était impossible de les distinguer. Cependant, lorsque j'ai mis ces feuilles côte à côte et que je les ai comparées, j'ai immédiatement découvert une différence marquée. Chaque feuille était parfaite, et chacune avait sa propre forme, sa taille, sa couleur, ses lignes et ce que j'appelle sa propre « feuillalité. » J'ai cueilli sur le même arbre une douzaine d'autres feuilles et, en les analysant de près, j'ai constaté que chaque feuille avait sa propre individualité.

J'ai commencé à étudier l'arbre. Tout près se trouvait un autre arbre. De près, l'apparence générale de ces deux arbres était presque la même. Je me suis éloigné de quelques mètres et j'ai regardé ces arbres. J'ai découvert un contraste marqué dans leur contour. J'ai examiné les membres, les brindilles et l'écorce de ces arbres ; tous présentaient une similitude frappante, et aussi un contraste frappant. Les arbres, comme les feuilles de l'arbre, ont une individualité.

La description analytique des arbres et des feuilles, établit un principe fondamental qui illustre l'autonomie individuelle. L'autonomie leur confère le pouvoir de puiser et d'absorber toutes les forces qui les entourent avec la capacité d'accomplir une loi naturelle. L'apparition de chaque arbre et de chaque feuille indique une fruition complète de santé, d'harmonie, d'unité et de prospérité.

Tous les animaux pratiquent la doctrine de l'autonomie. Ils suivent leur instinct naturel, qui est une impulsion naturelle spontanée de propension, les poussant sans raison vers une action, essentielle à leur existence, leur préservation et leur développement. En adhérant à cet instinct, ils sont nourris, soutenus et maintenus dans leur habitat naturel, et vivent une vie complète et pleine.

Tous les oiseaux et les volailles suivent leur instinct naturel, et eux aussi sont nourris, alimentés et soutenus, entretenus et dirigés dans ce qu'ils doivent faire et comment le faire.

Toutes les choses dans la nature pratiquent et démontrent le pouvoir de l'autonomie. L'observation des actes des plantes, des arbres, des oiseaux, des volailles, des animaux, des poissons et des insectes devrait inciter tout homme à pratiquer l'autonomie. Observez les muguets, ils ne peinent pas, ils ne filent pas, et pourtant Salomon, dans toute sa gloire, n'est pas vêtu comme l'un d'eux. Observez le rouge-gorge qui a construit un nid dans votre jardin, car il part vers le sud en novembre et revient au printemps suivant dans son ancien nid.

Observez le pigeon voyageur que l'on envoie à des milliers de kilomètres de chez lui. Lorsqu'il est libéré sans boussole ni carte, il tourne en rond un moment, puis revient en ligne droite vers sa maison.

Observez le saumon qui revient après des années en mer dans la rivière exacte où il est né. Observer une abeille à cinq miles de sa ruche (équivalent à mille miles pour un homme) revenir chargée de son pollen. Observer le cheval qui reste sur la route dans la nuit la plus noire.

Observer l'ours qui hiberne. Observez le chien qui, sans carte, sans guide et sans panneau de signalisation, flaire le chemin de la maison à des milliers de kilomètres. N'oubliez pas la cellule d'où vous êtes sorti. Ce ne sont là que quelques exemples. La liste est infinie. Cela doit prouver que Dieu, l'intelligence suprême de l'univers, travaille dans et à travers toutes choses, y compris l'homme.

Dieu connaît ses affaires. Il ne fait pas d'erreur. Tout ce qu'il a créé a une place, sinon il n'aurait pas été créé. Vous avez une place. Vous êtes un individu. Vos empreintes digitales l'indiquent. Parmi les millions d'empreintes digitales répertoriées, il n'y en a pas deux qui soient identiques. Vos empreintes digitales vous distinguent. Vous êtes une entité complète, dotée de toutes les qualités et de tous les attributs nécessaires pour devenir un individu parfait. Vous ne pouvez pas imiter les empreintes digitales d'un autre, ni imiter les capacités d'un autre. Vous devez compter sur les vôtres. Vous devez pratiquer l'autonomie.

Qu'est-ce que l'autonomie ? C'est se fier à ses propres ressources mentales, à son jugement et à sa capacité de performance. C'est une confiance absolue dans l'intégrité de votre propre esprit.

L'intégrité est la qualité d'être complet. Elle est l'indépendance de l'individualité et vous aide à réaliser qu'aucune partie de vous ne peut être séparée de l'ensemble de vous. Vous avez ce qu'il faut à tout moment et en tout lieu. Tout ce que vous avez à faire, c'est de vous y fier. Pensez, parlez et agissez selon vos convictions latentes et elles seront le moyen d'influencer tous les hommes. La confiance en soi est le pouvoir de croire en sa propre pensée, et d'agir comme s'il était impossible d'échouer.

Les méthodes conventionnelles et la procédure orthodoxe sont d'excellents guides, mais elles sont de très mauvais enseignants. « Ce que chacun peut faire de mieux, nul autre que son Créateur ne peut le lui enseigner. » Au loin, j'entends une grive des bois. Les notes claires et fortes sont un arrangement exquis de tons et de hauteurs qui se mélangent dans la concorde d'un doux son. C'est la musique à sa source. Je fais une pause. La grive des bois n'a jamais eu de leçon de culture vocale. Elle donne une leçon d'autonomie.

Il arrive de temps en temps des situations où il est absolument nécessaire de pratiquer l'autosuffisance. Les conditions doivent être remplies sur place. Vous devez soit couler, soit nager. Je rencontre beaucoup de ces situations dans la vente par téléphone. La suivante en est un bon exemple.

J'ai appelé au téléphone un marchand de laine très prospère, que je n'avais jamais vu. Sa secrétaire a répondu au téléphone et elle m'a fait passer le troisième degré en me demandant mon nom, mon histoire, mon pedigree, mes qualifications commerciales et enfin, mais surtout, elle voulait savoir de quoi je voulais parler à M. Woolman. Je lui ai dit ma mission sans détours. Je lui ai dit que j'appelais M. Woolman au sujet d'un plan d'assurance-vie. Cet énoncé positif des faits m'a mis en relation avec M. Woolman. « C'est bien M. J. Edgar Woolman ? » J'ai dit. « Oui, et alors ? » Puis, d'une voix douce mais ferme, j'ai raconté mon histoire. Il m'a écouté attentivement et quand j'ai eu fini, il a dit : « Ça ne m'intéresse pas. » J'ai accepté sa déclaration. Je me suis dit que je pourrais peut-être le convaincre davantage si je connaissais sa date de naissance et si je lui soumettais mon plan sous la forme d'un mémoire. Croyant que la discrétion est la meilleure partie de la valeur, et qu'une parole douce détourne la colère, je lui ai parlé très doucement et lui ai dit : « M. Woolman, je ne vous ai jamais rencontré, mais je sais que vous êtes comme tous les autres bons hommes d'affaires. Je sais que vous êtes naturellement un bon joueur. Par conséquent, M. Woolman, j'aimerais que vous me rendiez un service et ce service est simplement le suivant : Je veux que vous me donniez votre date de naissance. » Ce à quoi il répondit : « Je n'ai pas envie de donner ma date de naissance à un étranger, par téléphone. » La confiance en soi a dit : « M. Woolman, voulez-vous me prêter votre date de naissance pour quelques jours. » En riant, il a répondu : « 15 août 1875. »

Quelques jours plus tard, j'ai soumis le plan à l'examen de M. Woolman. Il l'a aimé et, à la suite de cette conversation téléphonique, j'ai vendu à M. Woolman une police d'assurance-vie de cent mille dollars, selon le principe de l'autonomie.

L'homme naît avec un instinct - l'instinct de conservation. Lorsqu'il a acquis le pouvoir de la pensée consciente, il a changé le nom de l'instinct en intuition, mais il n'a pas changé sa source, son but, sa qualité ou son pouvoir. L'intuition peut être définie comme une perception rapide sans attention consciente ni raison. C'est une connaissance immédiate venant de l'intérieur, une connaissance toujours disponible pour agir en cas d'urgence, pour déjouer un désastre ou pour éviter une calamité. J'aime à penser que l'intuition est la ligne de communication directe avec Dieu. Les intuitions se manifestent souvent. Parfois, une intuition vous dit ce que vous devez faire instantanément.

Suivre une intuition me ramène trente ans en arrière. Je voyageais dans le Sud pour vendre de la peinture et des matériaux de toiture. Sur mon territoire se trouvait un agent d'achat qui achetait pour cinquante usines de coton différentes. J'ai appelé à son bureau et une jeune femme a pris ma carte. Une minute plus tard, elle est revenue et m'a donné un centime pour ma carte. J'ai eu une intuition. J'ai envoyé une autre carte avec un message disant que les cartes étaient deux pour un nickel. Je descendais le couloir et la jeune femme m'a poursuivi en criant que M. le responsable des achats voulait me voir. Je suis entré. Je lui ai dit que j'étais honnête et que je ne voulais pas le tromper. Suite à une petite intuition, j'ai reçu une commande pour plusieurs wagons de matériel.

L'autonomie est l'un des principes fondamentaux de l'existence. Elle développe le caractère et vous aidera à vous perfectionner, et se perfectionner, c'est perfectionner votre place dans la vie. « Pour réformer une nation, pour réformer un monde, aucun homme sage ne l'entreprendra et tous, sauf les fous, le savent, la seule réforme solide et complète est celle que chacun commence et perfectionne sur lui-même. »

Ceci peut vous intéresser. Prenez un billet de 1 dollar et tournez la face verte vers le haut. Sur le côté gauche de ce billet, vous observerez une pyramide, et juste au-dessus de la pyramide se trouve un triangle, ou la partie inachevée de la pyramide. Regardez l'œil qui brille dans ce triangle. Il parle presque. L'œil dans le triangle représente l'œil de Dieu qui voit tout et sait tout. Ce triangle représente le sommet de la perfection. Au-dessus du triangle se trouve la phrase latine « Annuit Coeptis. » Traduit, cela signifie « Dieu regarde avec faveur. »

Ce triangle symbolise la dignité individuelle de l'homme, et reconnaît son intégrité individuelle. C'est un héritage traditionnel qui garantit à chaque Américain le droit de se perfectionner dans n'importe quel art, métier, entreprise, profession, science ou dans tout autre domaine d'activité. Il peut se hisser au sommet.

Cet héritage traditionnel est symbolisé par le Grand Sceau des États-Unis. Cela signifie que ces droits individuels vous sont garantis par l'ensemble des ressources des États-Unis. Il s'agit d'une franchise pour encourager chacun à pratiquer l'autosuffisance. Cet héritage et ce droit devraient enflammer un homme d'inspiration. C'est un pays merveilleux où un garçon pauvre peut en devenir le chef.

Rappelez-vous toujours ce que Burroughs, le grand naturaliste, disait de son ami Emerson, le grand essayiste. « Là où il était, il était tout entier. » Cela fait de la pratique de l'autonomie une réalité.

3. LAISSE TA LUMIÈRE BRILLER

Avez-vous déjà allumé la lumière dans une pièce sombre ? Cela fait une grande différence. Pourtant, rien n'a changé. La seule chose qui manquait était la lumière. Un peu de lumière fait une grande différence. Peu importe où vous êtes ou ce que vous faites, dès que vous éclairez votre conscience, vous éclairez votre entourage.

La meilleure façon d'éclairer votre place dans la vie est d'allumer la lumière de l'optimisme. L'optimisme vient du mot latin « optimus, » qui signifie « meilleur. » Il consiste à rechercher le meilleur en toute chose et en tout être humain.

L'optimiste a raison. Le pessimiste a raison. L'un voit les choses dans la lumière. L'autre voit les choses dans l'obscurité. Chacun a raison. Ils voient seulement les choses de points de vue différents. L'optimiste voit les choses telles qu'elles sont, et est capable d'établir leurs relations correctes. Le pessimiste ne voit qu'une petite partie des choses, et est incapable d'établir leur véritable relation. L'optimiste a des connaissances éclairées par les faits. Le pessimiste a des connaissances mais elles sont obscurcies par l'ignorance. L'optimiste voit le beignet, le pessimiste voit le trou.

L'optimisme, c'est avoir les idées claires. C'est un excellent vaccin pour prévenir l'échec. C'est maintenir un sentiment d'équilibre, quoi qu'il arrive. Il met en pratique l'adage de Marcus Aurelius : « Tout ce qui arrive arrive comme cela doit arriver. »

Un homme sans le sou est entré dans un restaurant. Il a commandé une douzaine d'huîtres. C'était un optimiste. Il espérait trouver une perle avec laquelle il pourrait payer les huîtres. Dans la dernière huître, il a trouvé une perle d'une valeur de mille dollars. L'optimisme est-il payant ?

Lorsque vous marchez vers la lumière, les ombres sont derrière vous. Lorsque vous vous éloignez de la lumière, les ombres sont devant vous. Pratiquez et faites preuve d'optimisme dans vos affaires. Marchez toujours vers la lumière et efforcez-vous d'encourager les autres à marcher avec vous. Laissez votre lumière briller. Taillez la mèche avec gentillesse et alimentez-la avec l'huile de l'optimisme.

L'optimisme est comme creuser un trou dans le sol, plus vous en prenez, plus il s'agrandit. Vous pouvez le partager avec d'autres, car il est inépuisable. C'est aussi comme un parfum sucré, vous ne pouvez pas le répandre sans en recevoir un peu sur vous. Partagez l'optimisme avec les autres. Soyez aussi heureux de leur succès que vous l'êtes du vôtre. Ne donnez jamais de coups de pied à un homme qui est à terre, et n'aidez pas les commérages de la ville ; et si vous entendez parler d'un homme qui a mal tourné, faites de votre mieux pour le rendre fort.

N'oubliez jamais de laisser votre lumière briller.

4. RESTER EN MOUVEMENT

« La route est toujours meilleure que les auberges. » Maurice Materlinck, célèbre auteur de L'oiseau bleu, dit : « Pour moi, ces mots du grand écrivain espagnol Cervantès signifient une façon de vivre. » Dans ma jeunesse, je visais souvent trop fort pour atteindre un but, terminer un travail. Je me disais : « Quand ce sera fait, je trouverai la satisfaction et la récompense". Mais plus tard, j'ai compris que chaque réussite, comme chaque auberge, n'est qu'un point sur la route. Le véritable bonheur de vivre vient du voyage lui-même, de l'effort et du désir de continuer à avancer. Je constate aujourd'hui que je peux regarder mes quatre-vingt-quatre ans avec plaisir et, ce qui est encore plus important pour moi, que je peux encore regarder vers l'avenir avec espoir et désir. J'ai appris à prendre chaque auberge le long du chemin avec le pas du voyageur - non pas comme un point d'arrêt, mais comme un point de départ pour une nouvelle et meilleure entreprise. »

Il n'y a rien de permanent dans le monde, sauf le changement. Partout, cette loi est évidente. Tout dans la nature est toujours en mouvement. Le mouvement enseigne une grande loi naturelle. Il vous dit de rester en mouvement. Il vous dit de rester actif. Il est plus amusant de s'user que de se rouiller. Continuez à bouger. Comme le dit un vieux proverbe : « Celui qui cultive la terre mangera. » Continuez à bouger. C'est le vrai mode de vie. Regardez les abeilles voltiger de fleur en fleur à la recherche de miel. Observez la fourmi, considérez ses voies et soyez sages. Chaque cellule de votre corps est active. Tout ce qui vous entoure est en mouvement, alors pourquoi pas vous et moi ?

Lorsque vous restez en mouvement, vous avancez. L'herbe ne pousse pas sous les pieds qui bougent. En restant en mouvement, vous prenez de bonnes habitudes. Vous transformez le pessimisme et la défaite en action et en réussite.

Vous transformez les pensées négatives et le découragement en pensées positives de confiance et de puissance. Vous transformez l'échec en succès.

5. FAIRE PREUVE DE PATIENCE

Un roi cherchait une devise qui agirait comme une panacée pour tous les problèmes. Il invita tous les sages de son royaume à proposer une devise. De nombreuses et brillantes devises furent soumises et aucune ne se ressemblait. Le roi a analysé chaque devise. Chacune d'entre elles a été soigneusement étudiée et considérée. Parmi celles qui furent proposées, il y en eut une que le roi choisit comme étant la panacée la plus complète pour tous les problèmes. Elle se lit comme suit : « Et ceci aussi passera. »

Cette devise est l'essence même de la patience. Elle désigne le calme, l'endurance ou la possession de soi. La patience est la capacité de réaliser que toutes les conditions et les situations ne sont que temporaires ; et si vous faites preuve de patience et restez calme et serein, les situations les plus difficiles se résoudront d'elles-mêmes.

La patience nous apprend à sourire et à supporter ! Les épreuves, les tribulations, les troubles, les obstacles, les retards, les déceptions et les échecs ne sont que des ombres traquées qui disparaissent instantanément à la lumière de la patience. « Dans votre patience, possédez vos âmes. »

Parmi tous les personnages de l'histoire, il en est un qui brille toujours comme un véritable exemple de patience : Abraham Lincoln. Au cours d'une période critique de la guerre civile, alors que la nation s'effondrait et que tout allait mal, le président Lincoln a envoyé un ordre très important à son secrétaire à la guerre le plus avisé, M. Stanton. Le secrétaire Stanton a lu l'ordre, l'a déchiré en morceaux, a dit au messager qu'il n'exécuterait pas l'ordre et que Lincoln était un imbécile pour l'avoir donné.

Le message est rapporté à Lincoln. « Si Stanton m'a traité de foutu imbécile, alors je dois en être un, » dit le président Lincoln. « Je vais aller le voir. » Jetant ses longs bras autour des épaules du secrétaire Stanton, M. Lincoln le supplie de coopérer. À partir de ce jour, le secrétaire Stanton sera le meilleur ami et le plus fervent partisan de M. Lincoln. La patience l'a emporté.

Lorsque des conditions défavorables croisent votre chemin, ces six lignes vous consoleront et vous aideront à faire preuve de patience.

Douce est l'utilité de l'adversité ; Qui, comme le crapaud, laid et venimeux, Porte pourtant un bijou précieux dans sa tête ; Et cette vie exempte de lieux publics trouve des langues dans les arbres, des livres dans les ruisseaux, des sermons dans les pierres et du bien dans tout."

La plupart d'entre nous ont tendance à oublier que tout doit être accompli petit à petit. Cela implique des détails. La vie est faite de détails. C'est une chose après l'autre, et personne n'y échappe. Parler est un détail, un mot après l'autre. Marcher est un détail, un pas après l'autre. Tous les actes personnels et tous les actes de service comportent des détails. La maison dans laquelle vous vivez est une masse de détails construits de manière ordonnée. Ce livre est une masse de mots disposés en détail pour présenter différentes idées.

Tout dans la nature fonctionne dans le détail. L'éclat silencieux du soleil se conforme aux détails. Réfléchissez à l'énorme quantité de travail qu'il accomplit. Des millions de kilomètres à parcourir, un système solaire complet, y compris huit planètes - Mercure, Vénus, Mars, Jupiter, Saturne, Uranus, Neptune,

Pluton et notre propre Terre - à chauffer et à éclairer et, avec toutes ces vastes tâches à accomplir, le soleil peut encore faire mûrir la tomate dans le jardin.

Il a fallu plus de quatre ans à Léonard de Vinci pour achever « Mona Lisa, » le portrait le plus célèbre du monde, pour lequel une offre de cinq millions de dollars a été refusée. Avec une patience inlassable, Léonard de Vinci a inséré chaque détail et capturé cette chose fugace que nous appelons « expression. » Après quatre cents ans, ce chef-d'œuvre de l'art est accroché aux murs du Louvre, une source d'inspiration pour tout mortel.

La seule façon de maîtriser les détails est de faire preuve de patience. Apprenez à l'aimer. Avec l'attitude appropriée, les corvées sont un passe-temps très agréable, surtout lorsque vous réalisez que tout le monde les fait. Chaque tâche commence par un détail et se termine par un détail. Le fait de se sentir bienveillant à l'égard des détails soulage la tension et l'effort, développe le pouvoir de concentration, et la tâche est rapidement achevée. Appréciez les détails, et les détails perdent de leur acuité. Ne vous occupez pas des détails, et les détails s'occuperont de vous. Avec tous vos multiples détails, faites preuve de patience. Elle vous récompensera.

On estime qu'il faut moins de sept pour cent de la puissance d'une locomotive pour tirer un train de wagons couverts, mais qu'il faut cent pour cent de la puissance d'une locomotive pour faire démarrer le train. La tâche, la difficulté et le travail semblent être dans le démarrage.

Commencez quelque chose. Faites l'inventaire de vos capacités, analysez-les et déterminez votre place en accord avec les chapitres de ce livre. Pratiquez l'autonomie, apprenez à dépendre et à compter sur vos propres capacités. Elles sont toujours là où vous êtes, et sont instantanément disponibles pour votre usage. Faites-y appel par tous les moyens. Laissez votre lumière briller. Faites preuve d'optimisme.

Recherchez le meilleur et attendez le meilleur. Il est toujours présent. Restez en mouvement. L'or est trouvé par ceux qui le cherchent. Il n'est pas plus éloigné de vous que les cinq étapes de ce chapitre. Continuez à avancer. Vous le trouverez. Faites preuve de patience. Les épreuves, les tribulations et les conditions défavorables ne sont que temporaires, et la patience est un solvant prêt à les dissoudre. Toutes choses viennent à celui qui pense et a la patience d'attendre.

Les opportunités sont aussi abondantes que l'air que vous respirez, et aussi inépuisables. Elles sont tout autour de vous. Suivez les cinq étapes de ce chapitre et transformez ces opportunités en réalités. La réussite est le résultat de l'effort investi. « Celui qui perd sa vie la retrouvera. » Maîtrisez vos forces, mesurez votre temps, rassemblez vos énergies et concentrez vos capacités sur le travail à accomplir. Perds-toi dans les affaires, les services et les besoins des autres.

Faites de leur intérêt votre cause, laissez les résultats se faire d'eux-mêmes, et avant que vous ne le sachiez, votre place dans la vie sera assurée. Vous transformerez votre ossature en colonne vertébrale. Vous couronnerez vos efforts de succès.

Soyez comme le timbre-poste, tenez-vous en à une chose jusqu'à ce que vous y arriviez. Vous découvrirez que votre place est là où vous êtes, et que votre succès n'est qu'un sous- produit de ce que vous êtes.

Tout Cela Est A Toi, Détends Toi

Chaque jour, je remercie Dieu pour deux choses : Premièrement, que je suis né en tant qu'être humain. Deuxièmement, que je suis un citoyen des États-Unis. En tant qu'être humain, je suis capable de visualiser et d'imaginer mes opportunités. En tant que citoyen des États-Unis, je suis capable de les réaliser et d'en profiter. Ce grand héritage me donne des raisons d'être vraiment reconnaissant.

Tous les habitants des États-Unis ont des raisons d'être reconnaissants. Aucune nation dans toute l'histoire n'a été plus généreusement bénie. Il est certain que les États-Unis sont le jardin du monde. Sa position géographique, combinée à ses différentes altitudes, offre une plus grande variété de sols et de végétation que n'importe quel territoire de même étendue dans le monde. Il n'y a aucune raison logique ou de bon sens pour que quiconque vive aux États-Unis soit pessimiste, si seulement il veut bien ouvrir les yeux et voir. Une étude des ressources matérielles avec lesquelles vous devez travailler, ainsi qu'une étude des faits fondamentaux affectant la prospérité, la sécurité, le développement et le progrès des États-Unis vous permettront de mieux apprécier ces ressources.

Au nord se trouve le Canada en pleine expansion, avec lequel nous pouvons commercer. À l'est, l'océan Atlantique, qui nous relie à tous les ports d'Europe et du Proche-Orient. Au sud, le golfe du Mexique, la Méditerranée du Nouveau Monde, avec des facilités naturelles inégalées pour élargir notre commerce d'exportation et d'importation avec l'Amérique du Sud. À l'ouest se trouve l'océan Pacifique, qui nous relie à l'Orient et à l'Extrême-Orient.

Les États-Unis comptent huit grands fleuves : l'Hudson, le Delaware, le Potomac, le Mississippi, l'Ohio, le Missouri, le Columbia et le Colorado. Tous ces fleuves et bien d'autres encore sont des artères naturelles pour le commerce, attendant l'ingéniosité et l'habileté de l'homme visionnaire pour parsemer leurs rives d'industries florissantes, et pour mettre à flot sur leurs seins bouillonnants des argosies de commerce qui enrichiront le confort des gens partout dans le monde. Un jour, des bateaux propulsés par des ondes électriques serviront les gens le long de ces rivières.

Les ressources hydrauliques des États-Unis peuvent produire annuellement cinq cents milliards de kilowattheures d'électricité, soit suffisamment pour donner à chaque famille environ quinze mille kilowattheures d'électricité par an. Cette source d'énergie a à peine été exploitée. Elle attend d'être développée.

Les États-Unis, y compris les possessions, ont une superficie totale de près de quatre millions de miles carrés. Si ces terres étaient divisées, il y aurait de quoi donner à chaque homme, femme et enfant une ferme de dix-neuf acres chacun.

Les États-Unis ne représentent que six pour cent de la superficie mondiale, sept pour cent de la population mondiale. Ils consomment normalement : Quarante-huit pour cent du café du monde ; cinquante pour cent de l'étain du monde ; cinquante-six pour cent du caoutchouc du monde ; vingt et un pour cent du sucre du monde ; soixante-douze pour cent de la soie du monde ; trente-six pour cent du charbon du monde ; quarante-deux pour cent de la fonte brute du monde ; quarante-sept pour cent du cuivre du monde ; soixante pour cent du pétrole brut du monde.

Les États-Unis produisent chaque année plus de trois milliards de boisseaux de maïs, un milliard et demi de boisseaux de blé et quinze millions de balles de coton.

Avec trente millions d'automobiles, tout le monde aux États-Unis peut faire un tour à un moment donné. Les États-Unis possèdent plus de soixante pour cent des téléphones du monde.

Les États-Unis comptent deux cent cinquante mille kilomètres de voies ferrées, cinquante mille locomotives et plus de deux millions de wagons couverts.

Les États-Unis produisent : Soixante-dix pour cent du pétrole mondial ; cinquante pour cent du cuivre mondial ; soixante pour cent du blé mondial ; soixante pour cent du coton mondial ; cinquante pour cent de la fonte brute mondiale ; quarante pour cent du plomb mondial ; quarante pour cent du charbon mondial.

Le pouvoir d'achat de la population des États-Unis est supérieur à celui de cinq cents millions de personnes en Europe.

La population des États-Unis est assurée pour plus de cent soixante-quinze milliards de dollars. Cela représente presque une moyenne de mille deux cents dollars par homme, femme et enfant.

Les États-Unis comptent plus de trois millions d'entreprises commerciales et plus de deux cent mille établissements manufacturiers.

Les Etats-Unis possèdent près de vingt-deux milliards de dollars d'or, soit plus de soixante-dix pour cent de l'offre mondiale totale. Ils possèdent soixante-six pour cent des installations bancaires de la civilisation, avec quinze mille banques et cent cinquante-trois milliards de dollars en dépôt.

Le revenu national des États-Unis est de plus de trois cent cinquante mille dollars par minute. Pour atteindre ce revenu, la fortune de Ford durerait moins d'une demi-journée. Il y a plus de vingt-neuf milliards de dollars en circulation, soit plus de cent quatre-vingt-seize dollars par habitant.

Les États-Unis évalués aujourd'hui, y compris leurs ressources développées et non développées, leur main-d'œuvre et leurs potentialités, vaudraient plus de mille milliards de dollars. Il s'agit d'un trillion de dollars. Si l'on divise cette accumulation de richesses par cent quarante millions de personnes, on constate que la richesse par habitant est de plus de sept mille dollars. Êtes-vous un Crésus rougissant ?

Qu'en est-il de la dette ? La dette fait partie du système économique. Elle est comme les autres sujets et pour être comprise, elle doit être traitée avec bon sens, sinon personne ne la comprend. La dette ne signifie rien tant qu'elle est dans la famille.

La dette publique et privée des Etats-Unis à la fin de 1945 était de quatre cent milliards cinq cent millions de dollars. Elle se répartissait comme suit : Deux cent quarante-sept milliards de dollars pour le gouvernement fédéral et les agences fédérales. Treize milliards et sept dixièmes de dollars pour les gouvernements des États et les collectivités locales. Quatre-vingt-cinq milliards et huit dixièmes de dollars en obligations de sociétés, y compris les émissions à court et à long terme. Vingt-sept milliards et trois dixièmes de milliards en immobilier urbain et hypothèques.

Cinq milliards et deux dixièmes d'hypothèques agricoles, et vingt et un milliards et cinq dixièmes d'obligations non commerciales. La dette, parce qu'elle est détenue par le peuple, augmente la richesse nationale.

Une obligation du gouvernement des États-Unis de mille dollars est une dette et une obligation envers les États-Unis, et elle est traitée comme un passif. La même obligation dans votre coffre- fort est loin d'être une dette ou un passif, en fait, c'est un titre de premier ordre et un actif liquide rapide.

Une obligation de mille dollars émise par la Pennsylvania Railroad Company est inscrite dans ses livres comme une dette et figure au passif de ses états financiers. La même obligation est inscrite à l'actif dans les états financiers de la New York Life Insurance Company.

La dette représente une grande partie de notre richesse. En fait, la plupart des actifs des compagnies d'assurance et autres institutions d'épargne reposent sur la dette.

La manière la plus scientifique de traiter cette dette est de faire transférer une partie de celle-ci dans votre propre coffre-fort.

Qu'en est-il des dollars ? Les dollars sont basés sur la richesse. Plus la richesse nationale augmente, plus les dollars augmentent. La plupart des énigmes de notre système économique se résolvent facilement par la réflexion.

Les États-Unis ont des millions d'opinions et la meilleure partie de ces opinions forment nos lois et assurent la sécurité de notre pays. Tant que ces opinions prévaudront dans un marché libre, cette nation restera intacte.

J'aime à penser que la majorité de ces opinions expriment le credo américain. « Je crois aux États- Unis d'Amérique en tant que gouvernement du peuple, par le peuple, pour le peuple ; dont les justes pouvoirs sont dérivés du consentement des gouvernés ; une démocratie dans une république ; une nation souveraine de nombreux États souverains ; une union parfaite, une et inséparable ; établie sur ces principes de liberté, d'égalité, de justice et d'humanité pour lesquels les patriotes américains ont sacrifié leurs vies et leurs fortunes. Je crois donc qu'il est de mon devoir envers mon pays de l'aimer, de soutenir sa Constitution, d'obéir à ses lois, de respecter son drapeau et de le défendre contre tous les ennemis. »

En tant que citoyen des États-Unis, vous avez librement accès à ses gigantesques richesses grâce à votre propre initiative et à vos capacités. Tant que vous n'empiétez pas sur les droits des autres, vous pouvez en acquérir autant que votre capacité le justifie. Elles sont toutes à vous.

Toutes ces ressources illimitées sont à votre disposition. Toutes ces réserves inépuisables sont là pour satisfaire vos désirs. Vous avez la capacité de les convertir en valeurs économiques pour satisfaire votre propre confort et votre plaisir. Par conséquent, il ne devrait y avoir aucune occasion de manquer, et certainement aucune raison de douter, d'être incertain, anxieux, inquiet ou effrayé. Toutefois, quelques suggestions sur la façon de vous détendre et de vous reposer peuvent vous aider.

La forme physique, la vivacité d'esprit et l'efficacité personnelle sont largement déterminées par votre capacité à vous détendre. Vous êtes au mieux de votre forme physique et mentale lorsque vous êtes détendu.

La relaxation ne fait que suivre une loi naturelle. Toutes les choses dans la nature se développent avec facilité et grâce. Il n'y a pas de friction. Il a également été prouvé par l'observation et l'expérience que la puissance de la plupart des êtres vivants réside dans leur capacité à se détendre. Le chien peut sauter trois fois plus loin dans un état de relaxation. Le serpent à sonnette peut frapper de toute sa longueur à partir d'un état d'enroulement ou de relaxation. Le lion, le tigre, la panthère bondissent tous avec une précision mortelle depuis une position allongée.

Lorsque vous êtes dans un état de relaxation, l'eau vous soutient. Une personne se noie parce qu'elle ne se détend pas.

La relaxation vous invite à vous détendre, à vous relaxer, à relâcher les tensions et à lâcher prise. Elle vous dit de lever le pied, de vous ouvrir et de laisser les forces de la nature pénétrer dans votre corps. Ces forces vont vous restaurer, vous récupérer, vous revitaliser et vous réhabiliter.

Ces forces ne peuvent pas entrer dans votre corps lorsqu'il est rigide et tendu. Elles ne viennent que lorsque vous cessez d'essayer ou de faire des efforts.

La relaxation est très importante pour le corps physique. Le corps est composé de milliards de cellules. Parmi ces cellules se trouvent les cellules nerveuses. Les cellules nerveuses comprennent les nerfs sensoriels, qui transmettent les impressions des organes des sens au cerveau, et les nerfs moteurs qui provoquent et dirigent le mouvement. Ces cellules nerveuses sont alimentées par le sang. Lorsqu'elles sont bien nourries et alimentées par un sang pur, elles deviennent fortes, comme des nerfs d'acier. Elles sont capables de résister aux tempêtes, aux secousses et aux chocs violents. Le chapitre « Comment doubler votre énergie » est donc très important. Lisez, étudiez et mettez en pratique les principes décrits dans ce chapitre. Entraînez- vous et disciplinez-vous à mastiquer votre nourriture de manière approfondie. Entraînez-vous et disciplinez-vous à respirer profondément. Entraînez-vous et disciplinez-vous à prendre des bains de soleil. Entraînez-vous et disciplinez-vous à boire beaucoup d'eau. Entraînez-vous et disciplinez-vous à vous étirer comme indiqué au chapitre IV et faites-le systématiquement.

Lorsque vous êtes confronté à une situation difficile, prenez une profonde respiration, tout ce que vos poumons peuvent contenir, et comptez jusqu'à dix.

En suivant les suggestions ci-dessus, vous allez avoir un corps fort, capable de se détendre et de faire le travail efficacement. Ces suggestions vous aideront également à rester jeune et dynamique. Elles feront disparaître les rides de votre visage. En vous étirant, vous alimentez les cellules du visage en sang. Le sang et les rides ne vont pas ensemble.

Tout le monde veut être en bonne santé, heureux, plein d'énergie, confiant, capable et libre de tout souci. Quelques suggestions sur la façon de se détendre mentalement peuvent vous aider à y parvenir. En voici quelques-unes qui m'aident.

1. LOVE

Aimer signifie pratiquer un sentiment de bonté dans toute activité. Le cerveau est le centre de toute activité qui se déroule dans le corps humain, que l'acte soit volontaire ou involontaire. Le maître de toute activité est l'intelligence, siège de la raison.

Après quarante ans d'expérience à essayer, tester et expérimenter tous les motifs possibles, j'ai découvert que l'amour a plus de pouvoir et d'influence sur mes activités mentales que toute autre qualité ou attribut. Lorsque je pratique un sentiment de bonté, il semble puiser dans un grand réservoir de puissance et de force qui me permet d'agir avec habileté et alacrité. Il élimine le doute, l'incertitude, l'anxiété, l'inquiétude et la crainte, et me dirige sans conflit ni confusion. Il élimine tout entêtement, toute crispation et toute rigidité. Elle me rend plus tolérant, plus libéral et plus indulgent. Elle me calme et m'apaise. Elle me libère du stress et de la tension. Elle me détend. Je peux agir sans me soucier de rien. Elle me rapporte de gros dividendes.

2. CONNAÎTRE VOTRE ENTREPRISE

Une connaissance approfondie, complète et exhaustive de chaque phase de votre activité, quelle que soit son importance. Parfois, le moins important devient le plus important. Étudiez votre profession et évaluez vos capacités en tenant compte des chapitres de ce livre. Une connaissance approfondie de ce que vous faites, vous donne confiance et cela vous donne la foi et le pouvoir d'agir.

3. SE DÉBARRASSER DE L'ÉGOÏSME

Il y a plusieurs degrés d'égoïsme. Le pire, c'est de porter le monde entier sur ses épaules. C'est prendre à cœur tout ce qui se passe. La sympathie est une bonne chose, mais une fausse sympathie peut nuire à votre efficacité. Vous devez apprendre à considérer les choses, les personnes et les événements de manière impersonnelle, ce qui vous aidera à vous détendre. Ne vous préoccupez pas des problèmes des autres. La plupart des problèmes s'endormiront si vous ne les maintenez pas en éveil. Soyez toujours prévenant, mais en aucun cas solliciteur.

4. MONTRER LA GRATITUDE

Rien ne semble détendre l'esprit aussi rapidement et complètement qu'un état de gratitude. Un esprit de gratitude pour ce que vous êtes et ce que vous avez semble pénétrer chaque partie de votre être. Il semble détendre la moelle même de vos os. Lorsque vous vous arrêtez, faites une pause et réfléchissez un instant. Vous trouvez de nombreuses choses pour lesquelles vous pouvez être reconnaissant. Quelqu'un a dit que l'Ancien Testament contient plus de six cent mille mots, et que seuls six de ces mots demandent quelque chose à Dieu, tandis que tous les autres sont un chant de louange, remerciant Dieu pour toute sa merveilleuse création. Faites de votre journée un jour d'action de grâce. Le moyen de se détendre et d'être heureux est d'être vraiment reconnaissant.

5. ENTRAÎNEMENT À RIRE

Pour le monde rit avec toi. Pourquoi un homme rit-il ? Parce qu'il a de l'imagination. Qu'est-ce qui fait rire un homme ? Parce qu'avec son imagination, il est capable de comparer le ridicule au sublime. Cette comparaison rapide chatouille son imagination et le fait rire. Apprenez donc à comparer et à exercer votre imagination. Vous trouverez de nombreuses situations et conditions qui vous feront rire. Cela vous détendra.

6. PRATIQUER LA LOI DES MOYENNES

Cette loi garantit les résultats et vous rend indifférent quant aux résultats. Cette attitude vous aidera également à vous détendre. Lorsque vous avez fait de votre mieux, il n'y a qu'une seule réponse : les résultats. Dans ce cas aussi, votre lot ou votre portion de vie vous cherche, alors cessez de le chercher. Quel est l'intérêt de se tracasser, de s'inquiéter, de s'énerver et de s'agiter ? Des milliards de personnes ont élu domicile sur cette terre depuis des milliers d'années. Ils nous disent qu'ils ont tous été nourris et soutenus. Ils nous disent aussi qu'ils n'ont rien épuisé. Tout est encore là. La seule chose à faire est de pratiquer la loi des moyennes, de bien faire son travail et de faire confiance à cette loi inexorable de la rémunération qui ne manque jamais de vous payer ou de vous récompenser pour un effort honnête.

La capacité à se détendre est un atout majeur. Elle agit comme un lubrifiant qui lisse et adoucit le chemin entre toutes les relations professionnelles et sociales. Elle abat et pénètre les barrières des sentiments rigides. Elle soulage le stress et la tension, et vous libère de l'appréhension et de la crainte. Lorsque vous vous détendez, vous amenez les autres à se détendre. Elle établit une compréhension mutuelle et la confiance règne. N'hésitez pas à vous détendre et à vous reposer.

Cela vous donnera plus de capacité à faire, plus de capacité à penser, et plus d'énergie pour agir. Cela éliminera toute l'obstination, la tension et la rigidité de votre esprit et de votre corps. Elle libèrera toutes les forces positives et créatives qui sont en vous. Il vous permettra de transformer votre capacité en argent. Il vous permettra d'avoir votre part sur les bras.

La Déclaration d'indépendance était un acte de naissance, donnant naissance à une nouvelle liberté. Dans cet acte se cachait le rêve que l'homme puisse exprimer les pensées de son choix. Un espoir que l'homme puisse se perfectionner dans la science, la philosophie, l'art, le commerce, l'artisanat ou tout autre domaine d'activité, et jouir des fruits de ses efforts en toute tranquillité d'esprit. Une prière pour que l'homme puisse adorer Dieu à sa manière, et partager la vérité de ses propres convictions. Ce rêve, cet espoir, cette prière, sont devenus votre nation : l'Amérique.

La capacité individuelle, l'industrie individuelle, l'initiative individuelle, l'intégrité individuelle, encouragées par la liberté d'action, stimulées par l'opportunité, inspirées par la foi et soutenues par la réussite, ont transformé ce rêve en une réalité. Aujourd'hui, l'Amérique compte cent quarante millions de personnes qui se lèvent pour la qualifier de bénie. Ses villes sont de vastes ruches d'économie et d'industrie, et ses campagnes fourmillent d'entreprises agricoles. Les États- Unis sont un quartier dynamique de personnes qui vivent, aiment et partagent. C'est le vôtre aujourd'hui - quelque chose pour lequel nous devons remercier Dieu.

Rappelez-vous que votre succès réside dans vos rêves, dans vos espoirs et dans vos prières. Rappelez-vous également que le destin de ces États-Unis, ainsi que le bien-être et le bonheur futurs de vos enfants, dépendent de votre dignité et de votre noblesse en tant qu'être humain. Par conséquent, mettez votre foi dans les grandes forces créatrices qui sont en vous, et faites de chaque jour le meilleur jour. Inspirez et influencez les autres pour qu'ils profitent avec vous de la vie abondante. En planifiant et en travaillant ensemble dans un esprit de vie, d'amour et de partage, l'Amérique est sûre, non seulement pour vous, mais aussi pour vos enfants et les enfants de vos enfants.

Que Celui qui habille les lys et marque la chute du moineau, vous protège et vous sauve et vous guide en toute sécurité à travers tout !

BIBLIOGRAPHIE

How To Turn Your Ability Into Cash by Earl Prevette (1922). Traduction et adaptation de l'anglais au français. Tous droits réservés.